처음이세요?

전문가세요?

인공지능 산업

인공지능총서

인공지능 시대입니다. 기계가 인간의 인지를 대신하고, 사물이 인간을 통하지 않고 다른 사물과 직접 커뮤니케이션합니다. 이에 따른 인간 삶과 문명 변화를 정확히 이해·예측·대응하는 것은 이 시대 우리 모두의 과제입니다. 인공지능총서는 인공지능 기술과 환경의 여러 주제를 10가지 키워드로 정리합니다. 관련 개념과 이론, 학계와 산업계의 쟁점, 우리 일상의 변화를 다룹니다. 인간과 기술의 현재, 미래를 세심히 분석합니다.

일러두기

- 인명, 작품명, 저서명, 개념어 등은 한글과 함께 괄호 안에 해당 국가의 원어를 병기했습니다.
- 외래어 표기는 현행 어문규정의 외래어표기법을 따랐습니다.

인공지능 산업

정용찬

대한민국, 서울, 커뮤니케이션북스, 2025

인공지능 산업

지은이 정용찬
펴낸이 박영률

초판 1쇄 펴낸날 2025년 5월 8일

커뮤니케이션북스(주)
출판 등록 2007년 8월 17일 제313-2007-000166호
02880 서울시 성북구 성북로 5-11
전화(02) 7474 001, 팩스(02) 736 5047
commbooks@commbooks.com
www.commbooks.com

ISBN 979-11-7307-885-9 03500

책값은 뒤표지에 표시되어 있습니다.

차례

4차 산업혁명과 인공지능 산업

“AI는 우리 종의 역사뿐만 아니라 모든 생명체의 진화 경로를 바꿀지도 모른다.” 세계적인 베스트셀러 『사피엔스』의 저자 유발 하라리 교수는 2004년 발표한 『넥서스』에서 AI의 영향력에 대해 이렇게 경고했다. 저자는 AI 혁명에 대한 보다 정확한 역사적 관점을 제공하기 위한 목적으로 이 책을 집필했다고 밝혔는데, 챗GPT의 등장으로 일상이 되어버린 인공지능의 영향력을 감안하면 충분히 이해가 간다.

가정에서 사용하는 인공지능 스피커, 스마트 온도조절기, 지능형 CCTV는 물론 음식점의 그릇 수거 로봇과 금융기관의 음성인식 챗봇 등 인공지능은 사회 곳곳에서 빠른 속도로 확산되고 있다. 우리 정부는 전 세계에서 AI를 가장 잘 활용하는 나라로 도약한다는 비전 아래 ‘국민의 AI 일상화’를 선언하고, AI를 일상과 일터, 공공에 접목하여 혁신을 창조한다는 전략을 2023년 9월 발표했다. 정부가 발표한 ‘대한민국 인공지능 도약방안’은 필연적으로 인공지능 수요로 연결되어 인공지능 산업을 성장시키는 계기가 될 것이다.

산업계는 이미 인공지능의 활용이 필연적임을 이해하고 있다. 2016년 다보스 포럼에서 클라우스 슈밥은 "세 번에 걸친 산업혁명이 전 세계를 혁명적으로 바꿔 놓은 것처럼 4차 산업혁명 역시 세계 질서를 새롭게 만드는 동인이 될 것"이라고 말했다. 4차 산업혁명은 인공지능을 통해 현실세계와 가상세계가 통합되어 사물을 자동적 · 지능적으로 제어할 수 있는 시스템이 구현되는 시대를 말한다. 주요 국가들은 이러한 혁명적인 변화의 시기에 국가경쟁력을 강화하기 위한 필수 요소인 인공지능에 주목하고 있다. 미국과 중국은 인공지능 주도권을 확보하기 위해 소리 없는 기술 전쟁을 벌이고 있다. 인공지능에 대한 경쟁력이야말로 국가 간의 글로벌 경쟁에서 살아남기 위한 필수 요소이기 때문이다.

왜 인공지능 산업인가

인류 역사를 산업 관점에서 보면 열매를 채취하고 짐승을 사냥하던 시대에는 농업생산력이 부의 원천이었지만 산업혁명으로 증기기관과 방적기로 대변되는 산업사회로 변화하면서 공업이 국가경쟁력의 척도가 되었다. 산업혁명이 곧 근대화를 의미했던 것처럼 4차 산업혁명기에 인공지능은 미래 경쟁력의 핵심 요소다. 한국은 산업화에 대응이 늦어 국제 경쟁에서 어려움을 겪었기 때문에 정보화에서는 뒤처지지 않기 위해 노력했다. 그 결과 정보통신 분야에서는 세계를 선도하는 국가가 되었고, 미래 경쟁력의 핵심 요소인 인공지능 역량 강화에도 많은 노력을 기울이고 있다.

인공지능 산업이란 '인공지능 기술을 활용한 제품을 개발, 제조, 생산 또는 유통하거나 이와 관련한 서비스를 제공하는 산업'을 말한다. 이 책은 인공지능 산업의 개념과 인공지능 산업 분류체계, 한국 인공지능 산업의 규모를 확인하고, 관련 산업인 로봇 산업, 데이터 산업, 인공지능 반도체 산업에 대해 살펴본다. 또한 인공지능 산업의 비전과 추진 전략을 확인할 수 있는 인공지능 국가전략을 소개하고, 인공지능 산업 진흥을 위해 제정된 「인공지능 발전과 신뢰 기반 조성 등에 관한 기본법」 해설을 통해 한국 인공지능 산업의 현재를 진단하고 미래를 조망한다.

인공지능 산업을 구성하는 10가지 주제

이 책에서 다룬 인공지능 산업을 이해하기 위한 10개의 키워드는 다음과 같다. '인공지능 산업의 정의', '인공지능 산업 분류체계', '인공지능 산업 실태조사', '한국의 인공지능 산업', '인공지능 직업 분류', '로봇 산업 실태조사', '데이터 산업 실태조사', '인공지능 반도체 산업', '인공지능 국가전략', '인공지능 산업 진흥법'.

인공지능(Artificial Intelligence)이라는 용어가 1956년 미국 뉴햄프셔주의 다트머스 대학에서 열린 학술회의에서 처음 등장했다는 점에서 알 수 있듯, 인공지능 산업은 농업이나 공업, 금융업처럼 오래전부터 존재한 전통적인 산업이 아니라 새롭게 등장한 산업이다. 인공지능 산업을 이해하기 위해서는 먼저 인공지능의 정의와 인공지능시스템, 인공지능 기술, 고영향 인공지능, 생성형 인공지능, 인공지능사업자 등 인공지능 산업 생태계를 구성하는 요소에 대해 확인하는 것이 필요하다.

2장은 인공지능 산업 분류체계를 소개했다. 인공지능 산업을 어떤 방식으로 분류하고 있는지를 살펴보면 인공지능 산업에 대한 이해도도 높아질 것으로 생각한다. 인공지능 산업은 제공되는 상품과 서비스의 특징에 따라 인공지능 소프트웨어 개발 및 공급업, 인공지능 구축·관리 및 정보 서비스업, 인공지능 연산 및 처리 부품·장치 제조업으로 구분한다. 표준산업분류 관점에서는 소프트웨어 개발 공급업, 컴퓨터 프로그래밍, 시스템 통합 및 관리와 자료 처리, 호스팅, 포털 및 기타 인터넷 정보 매개 서비스업, 반도체 제조업이 인공지능 산업과 관련이 있는 분야다.

3장은 과학기술정보통신부가 인공지능 산업 육성과 지원 정책 수립을 위한 통계 생산을 목적으로 매년 수행하고 있는 '인공지능 산업 실태조사'를 소개했다. 인공지능 산업 실태조사는 인공지능 산업과 관련된 기업체를 방문하여 매출, 인력, 수출, 인공지능 모델 개발 도구 현황, 컴퓨팅 인프라 현황, 데이터 확보와 활용 현황 등을 매년 조사하여 결과를 발표한다. 인공지능 산업 실태조사를 정확하게 이해하기 위해 조사 배경과 조사 항목, 조사 방법, 모수 추정에 대해 살펴보았다.

4장은 한국의 인공지능 산업 실태조사 주요 결과를 요약하여 한국의 인공지능 산업의 현주소를 알아보았다. 인공지능 산업에 종사하는 기업의 62.8%가 2015년 이후에 설립되어 업력이 10년 미만인 기업이 대다수를 차지하는 신흥 산업의 특성을 나타내고 있음을 확인했다. 주요 지표를 살펴보면 인공지능 응용 소프트웨어가 주력인 기업의 비중이 46.8%로 가장 높았고, 인공지능 산업의 매출은 4.3조 원으로, 사업 분야별로는 인공지능 응용 소프트웨어 매출액이 1.9조 원으로 가장 높았다. 종사자 수는 총 490586명으로, 그중 인공지능 분야 종사자 수가 42551명이었다.

5장은 인공지능 산업에 종사하는 인력이 어떻게 구성되었는지를 확인하면 인공지능 산업의 특징을 잘 파악할 수 있다는 판단에서 인공지능 직업 분류를 소개했다. 인공지능 산업에 종사하는 인력은 인공지능 프로젝트 관리자, 인공지능 컨설턴트, 인공지능 개발자, 인공지능 시스템 운영·관리자, 데이터 가공·처리 종사자, 인공지능 데이터 분석가 등 7종으로 구분하고 있는데, 인공지능 산업 생태계에서 이들이 담당하고 있는 역할을 비교하고, 한국표준직업분류와 인공지능 직업 분류와의 관계를 살펴보았다.

인공지능하면 자연스럽게 떠오르는 단어가 로봇이듯 인공지능 산업과 높은 관련성을 지닌 산업 중의 하나가 로봇 산업이다. 로봇 산업은 로봇을 생산하는 로봇 제조 산업, 로봇 부품 및 관련 소재 산업뿐만 아니라 네트워크 기반 로봇 응용, 로봇 응용 S/W서비스 콘텐츠 등을 포함하는 산업으로 구성되어 있다. 6장에서는 산업통상자원부가 로봇 산업 발전을 위한 기업의 경영전략 및 국가정책 수립의 기초 자료를 제공할 목적으로 매년 실시하고 있는 로봇 산업 실태조사를 소개했다. 최근 3년간 변화

추이를 보면 사업체 수, 매출, 인력이 모두 증가 추세를 나타내는 성장 산업의 주요 통계를 살펴보았다.

데이터와 인공지능은 동전의 양면처럼 떼려야 뗄 수 없는 관계다. 인공지능의 성능을 좌우하는 요소는 컴퓨팅 성능, 에너지, 데이터로 구성되는데, 최근 '데이터 중심 인공지능'이라는 개념이 주목받고 있는 것에서 알 수 있듯 인공지능 산업에서 데이터의 중요성은 더욱 강조되고 있다. 데이터의 생산, 수집, 처리, 분석, 유통, 활용 등을 통해 가치를 창출하는 상품과 서비스를 생산 · 제공하는 데이터 산업은 매출과 인력이 매년 증가하는 특징을 보이고 있는데 7장에서는 데이터 산업의 실태를 과학기술정보통신부가 매년 조사하고 있는 데이터 산업현황조사를 통해 확인해 본다.

인공지능 반도체란 '학습 · 추론 등 인공지능 서비스 구현에 필요한 대규모 연산을 높은 성능, 높은 전력 효율로 실행하는 반도체'를 뜻한다. 다양한 분야에서 인공지능 활용이 증가하면서 인공지능 반도체 수요도 급증하고 있는데, 8장에서는 인공지능 반도체 산업에 대해서 소개했다. 인공지능 반도체 산업은 정부가 전략 투자 분야로 지정하여 육성할 정도로 중요한 국가 산업으로 부상하고 있는데, 2020년 관계 부처가 합동으로 발표한 '인공지능 반도체 산업 발전전략'과 대통령 직속 국가과학기술자문회의가 2024년 발표한 '인공지능 반도체 이니셔티브'를 통해 인공지능 반도체 산업의 현재와 미래를 예측해 보았다.

미국, 중국 등 주요국은 인공지능이 인간의 육체노동은 물론 정신노동까지 대체하는 시대를 대비하기 위해 경쟁적으로 인공지능 국가전략을 발표하고 있다. 인공지능의 등장은 '문명사적 변화'로 표현될 정도로 인류의 삶 전체에 영향을 미칠 것으로 예상됨에 따라 주요국은 국가적 차원의 대비책 마련에 고심하고 있다. 인공지능 국가전략의 공통점은 연구개발과 인력 양성을 기반으로 주도권을 확보하고, 산업 활력 제고와 사회문제 해결을 통한 자국민의 삶의 질 향상을 궁극적인 목표로 하고 있다. 9장은 한국 정부가 AI 시대를 어떻게 대비하고 있는지를 2019년 발표한 '인공지능 국가전략'을 통해 살펴보았다.

2024년 12월 국회는 「인공지능 발전과 신뢰 기반 조성 등에 관한 기본법」을 본회의에서 통과시켰다. 인공지능 기술기본법안, 인공지능기본법안, 인공지능책임법안 등 무려 19개에 달하는 인공지능 관련 법안을 병합하여 기본법을 만든 것이다. 이 법은 인공지능 기본계획 수립,

국가인공지능위원회 설치, 인공지능 기술 개발 활성화 사업 지원, 인공지능 기술 표준 제정, 전문 인력 양성, 인공지능 산업 활성화 등 인공지능 산업의 발전과 안전한 인공지능 이용을 위해 필요한 내용을 담고 있다. 10장에서는 인공지능 기본법의 주요 내용을 살펴봄으로써 인공지능 산업의 발전을 지원하기 위한 근거와 기준을 확인해 본다.

더 살펴볼 주제

다양한 산업 분야에서 인공지능을 활용하는 융합 사례도 인공지능 산업에 대한 이해를 높이는 데 도움을 줄 것이다. 제조업에서는 인공지능과 데이터를 기초로 스마트 공장 고도화가 진행 중이며, 바이오 분야는 신약 개발 등에 인공지능을 활용하여 개발 기간을 획기적으로 줄이고 있다. 교통 분야는 자율주행 기술과 항만 물류 최적화 기술 개발 등을 통해 산업 고도화를 추진 중이며, 에너지 분야는 에너지 공급과 소비 데이터 분석을 통한 에너지 효율 지능화가 진행 중이다. 인공지능 기술을 활용한 스마트 팜과 아쿠아 팜은 농수산 분야의 인공지능 활용 사례며, 문화예술 분야도 인공지능 기술을 이용한 시나리오 작성, 촬영 기술 개발 등을 통해 새로운 시장 창출에 노력하고 있다.

인공지능 기술도 깊이 있게 다루어야 할 주제다. 머신 러닝과 딥 러닝, 강화 학습 등 인공지능 기술의 기본 원리에 대한 학습은 인공지능 산업 생태계를 파악하는 데 큰 도움을 줄 것이다. 특히 대규모 언어 모델(Large Language Model)에 대한 공부는 챗GPT를 활용한 다양한 서비스 산업을 이해하는 데 중요한 요소다.

주요국의 인공지능 연구개발 전략도 인공지능 산업의 변화 방향을 예측하기 위한 필수 요소다. 미국, 중국을 비롯한 주요국은 AI R&D 예산을 큰 폭으로 늘이고 인재 양성에 총력을 기울이고 있다. 미국은 2016년 국가 인공지능 연구개발 기획(National AI R&D Strategic Plan)을 발표했고, 2020년에는 국가 인공지능 이니셔티브 법(National Artificial Intelligence Initiative Act of 2020)에 근거하여 백악관에 국가 AI 이니셔티브 조직을 설치하여 AI 연구개발을 지원하고 있다. 중국은 인공지능을 활용한 신산업 육성을 위해 대규모 정부투자를 추진하고 있다. 2017년 '차세대 AI 발전 계획'을 발표하여 2030년까지의 로드맵을 제시했고, 2024년 3월 전국인민대표대회에서 인공지능 연구개발을 활용한 디지털 산업 클러스터를 조성하는 'AI 플러스 이니셔티브'를 발표했다. 주요국의 인공지능 연구개발 전략과 함께 인공지능 국가 전략 동향은 우리나라 인공지능 산업 발전전략 수립에 도움이 될 것이다.

인공지능에 대한 주요국의 규제 동향도 인공지능 산업 발전에 필수적인 요소다. 주요국은 안전하고 믿을 수 있는 인공지능 산업 육성을 위해 진흥과 규제가 조화를 이루는 방향을 모색하고 있다. 대표적으로 유럽연합(EU)의 'AI 법'은 위험 수준에 따라 AI 시스템에 대한 규제 수준을 달리하는 방식을 적용하고 있다. 즉 위험 수준에 따라 수용 불가 AI 시스템, 고위험 AI 시스템, 제한된 위험을 갖는 AI 시스템, 최소 위험 AI 시스템으로 분류하여 차등 규제를 적용하고 있다. 미국은 안전하고 신뢰할 수 있는 AI 활용 환경을 마련하기 위해 2023년 국립표준기술연구소(NIST) 내에 AI 안전 연구소를 설치했다. 우리의 경우, 2024년 말 국회에서 통과된 「인공지능 발전과 신뢰 기반 조성 등에 관한 기본법」은 인공지능의 건전한 발전과 신뢰 기반 조성을 위해 고영향 인공지능의 규율에 관한 조항과 인공지능안전연구소 운영 관련 조항을 포함하고 있고, 이는 주요국의 규제 동향에 영향을 받은 것으로 판단된다.

2020년 여름, 소프트뱅크 손정의 회장은 청와대를 방문해 "앞으로 한국이 집중해야 할 것은 첫째도 인공지능, 둘째도 인공지능, 셋째도 인공지능이다"라고 대통령에게 직언했다. 인공지능이 우리의 일상과 함께하는 지금, 인공지능 산업에 대한 정확한 이해는 상식임과 동시에 미래 시대 준비에 뒤처지지 않기 위한 생존 전략임이 틀림없다.

01
인공지능 산업의 정의

인공지능 산업이란 '인공지능 또는 인공지능 기술을 활용한 제품을 개발 · 제조 · 생산 또는 유통하거나 이와 관련한 서비스를 제공하는 산업'을 말한다. '인공지능'은 1956년 미국 뉴햄프셔주의 다트머스 대학에서 열린 학술회의에서 처음 등장한 용어라는 점에서, 인공지능 산업은 앞으로 지대한 발전이 예상되는 새로운 분야다.

AI와 1인 창업?

인공지능과 산업

인공지능(AI: Artificial Intelligence)이란 '인간의 지적 능력을 컴퓨터로 구현하는 과학기술로서 상황을 인지하고, 이성적 · 논리적으로 판단 · 행동하며, 감성적 · 창의적인 기능을 수행하는 능력'을 말한다(관계 부처 합동, 2019).

산업(industry)이란 '인간의 생활을 경제적으로 풍요롭게 하기 위해 재화나 서비스를 생산하는 사업으로, 농업, 목축업, 임업, 광업, 공업을 비롯한 유형물의 생산 이외에 상업, 금융업, 운수업, 서비스업과 같이 생산에 직접 결부되지 않으나 국민경제에 불가결한 사업도 포함한다'(네이버 국어사전).

농업이 토지를 이용하여 식물을 재배하고 가축을 생산하는 관련 활동을 지칭하는 것처럼, 인공지능 산업도 인공지능과 관련된 제품과 서비스를 생산하는 관련 활동으로 짐작할 수 있다. 다만 인공지능 산업은 농업이나 공업, 금융업처럼 오래전부터 존재한 전통적인 산업이 아니라 새롭게 등장한 산업이기 때문에 발전 양상에 따라 정의가 변화할 가능성도 있다.

인공지능이란 용어는 1956년 미국 뉴햄프셔주의 다트머스 대학에서 열린 학술회의에서 처음 등장했다는 점을 감안하면 인공지능 산업은 앞으로 그 변화와 발전이 기대되는 분야라 할 수 있다(브라이튼, 2021). 인공지능의 역사는 매우 짧지만, 2016년 바둑에서 알파고가 이세돌 9단을 이기자 사람들은 그 성능에 놀랐고, 최근 등장한 챗GPT는 검색뿐 아니라 영상 제작 등에서 놀랄 만한 능력을 보여, 일상에서 PC와 핸드폰으로 검색하는 과정에서 자연스럽게 인공지능을 활용하는 '인공지능 대중화 시대'를 열었다는 점에서 인공지능의 역할이 우리 사회 전 영역에서 확대될 것이라는 점을 충분히 예상할 수 있다(정용찬, 2025).

2024년 노벨상의 주인공도 인공지능이라고 할 수 있다. 인공지능 분야에서 저명한 미국 프린스턴대의 존 홉필드(John Hopfield) 교수와 캐나다 토론토대의 제프리 힌턴(Geoffrey Hinton) 교수가 노벨물리학상을 수상했고, 노벨화학상도 단백질 구조 예측 설계 모델인 인공지능 알파폴드(AlphaFold)를 개발한 구글 딥마인드 CEO 데미스 허사비스(Demis Hassabis)와 수석 연구원 존 점퍼(John Jumper)에게 수여되었기 때문이다. 이처럼 인공지능의 영향력이 경제와 사회, 문화 영역으로 확산되는 인공지능 대중화 시대는 산업 관점에서 인공지능의 발전 가능성이 매우 크다는 것을 의미한다.

2024년 12월 국회를 통과한 「인공지능 발전과 신뢰 기반 조성 등에 관한 기본법」은 인공지능을 '학습, 추론, 지각, 판단, 언어의 이해 등 인간이 가진 지적 능력을 전자적 방법으로 구현한 것'으로 정의하고 있다. 이는 정부가 인공지능 분야를 산업 관점에서 적극적으로 발전시키려는 의지를 담아 구체화한 것이라고 평가할 수 있다. 인공지능 기본법은 인공지능의 정의와 함께 인공지능 시스템, 인공지능 기술, 고영향 인공지능, 생성형 인공지능, 인공지능 사업자의 정의도 함께 제시하고 있어 인공지능 산업 생태계의 발전이라는 법의 제정 목적을 분명히 하고 있다.

인공지능 기본법은 인공지능 산업을 '인공지능 또는 인공지능 기술을 활용한 제품을 개발, 제조, 생산 또는 유통하거나 이와 관련한 서비스를 제공하는 산업'으로 정의하고 있다. 인공지능 산업 실태조사에 대해서도 '인공지능 기술 개발 및 인공지능 적용 제품, 서비스, 플랫폼의 생산, 유통, 활용, 부가 서비스 과정에서 가치를 창출하는 산업'으로 정의하여 큰 차이를 보이지 않고 있다.

인공지능 기본법에서는 인공지능 산업과 관련된 사업을 하는 인공지능사업자를 인공지능개발사업자와 인공지능이용사업자로 구분한다. 인공지능개발사업자는 시

표 1-1. 인공지능 관련 용어의 정의

구분	정의
인공지능 시스템	다양한 수준의 자율성과 적응성을 가지고 주어진 목표를 위하여 실제 및 가상환경에 영향을 미치는 예측, 추천, 결정 등의 결과물을 추론하는 인공지능 기반 시스템
인공지능 기술	인공지능을 구현하기 위하여 필요한 하드웨어 · 소프트웨어 기술 또는 그 활용 기술
고영향 인공지능	사람의 생명, 신체의 안전 및 기본권에 중대한 영향을 미치거나 위험을 초래할 우려가 있는 인공지능 시스템으로 보건의료, 의료기기, 원자력시설, 범죄수사, 채용, 대출, 교통, 교육 등의 영역에서 활용되는 것
생성형 인공지능	입력한 데이터의 구조와 특성을 모방하여 글, 소리, 그림, 영상, 그 밖의 다양한 결과물을 생성하는 인공지능시스템
인공지능 사업자	인공지능 산업과 관련된 사업을 하는 자 인공지능개발사업자: 인공지능을 개발하여 제공하는 자 인공지능이용사업자: 인공지능개발사업자가 제공한 인공지능을 이용하여 인공지능제품 또는 인공지능 서비스를 제공하는 자

출처: 국회 과학기술정보방송통신위원장(2024).「인공지능 발전과 신뢰 기반 조성 등에 관한 기본법」.

스템 소프트웨어 개발 업체나 응용소프트웨어 개발 업체처럼 인공지능을 개발하여 제공하는 사업자를 의미하며, 인공지능이용사업자는 컴퓨터 시스템 구축 업체나 컴퓨터 시설 관리업체처럼 인공지능개발사업자가 제공한 인공지능을 이용하여 인공지능 제품 또는 인공지능 서비스를 제공하는 사업자를 지칭한다.

인공지능 기본법은 고영향 인공지능을 '사람의 생명, 신체의 안전 및 기본권에 중대한 영향을 미치거나 위험을 초래할 우려가 있는 인공지능시스템'으로 정의하고 있다. 보건 의료나 의료 기기, 범죄 수사, 채용, 대출 등의 분야에서 활용되는 인공지능은 사람에게 미치는 영향이 크므로 이를 이용한 제품 · 서비스를 제공하는 경우 안전성 · 신뢰성을 확보하기 위한 조치를 취해야 한다는 법조문을 만든 것이다. 안전한 인공지능은 신뢰를 기반으로 인공지능의 활용을 촉진시키므로, 인공지능 산업 활성화를 위해 필수적이기 때문이다.

산업 인공지능

인공지능 산업과 유사하여 혼동을 일으키는 산업 인공지능(Industrial AI, 또는 Industry AI)이라는 용어도 존재한다. 산업 인공지능은 산업 설비로부터 발생하는 데이터를 기반으로 인공지능 기술을 시스템 자동화, 공정 최적화, 운영 모니터링, 품질관리 등에 활용하는 것을 의미하며, 산업 분야의 지식과 인공지능 기술이 결합되었다는 점에서 일반 인공지능과 차이가 있다(Wikipidia).

사물인터넷(Internet of Things, IoT)의 확산으로 제조,

석유화학, 에너지 분야의 산업 설비에서 발생하는 거대한 규모의 데이터를 분석하여 가치를 창출하는 산업 인공지능의 중요성이 크게 강화되고 있다. 산업 인공지능은 일반 소비자용 인공지능과 달리 그 분석 및 해석의 결과가 산업 현장의 의사결정에 미치는 파급력이 크기 때문에 보다 높은 정확성과 신뢰성이 요구된다(Wikipidia). 산업 인공지능 개념은 산업 분야에서의 인공지능의 활용을 대상으로 하므로 인공지능 산업에 포괄된 개념이라고 할 수 있다.

인공지능 관련 산업

인공지능 산업과 관련성이 큰 산업으로는 로봇 산업, 데이터 산업, 인공지능 반도체 산업 등이 있다. '로봇'은 인공지능보다 더 일찍 등장한 개념이다. 체코슬로바키아 극작가 카렐 차페크(Karel Capek)가 1920년 발표한 희곡 R.U.R(Rosuum's Universal Robots)에 사용한 이후 일반에 퍼졌다.

로봇은 다양한 작업을 자동으로 수행하도록 프로그래밍된 기계장치다(Wikipidia). 공장에서 사용되는 산업용 로봇, 환경을 인식하여 스스로 판단하는 능력을 지닌 지능형 로봇은 모두 인공지능 기능이 탑재되어 있으므

표 1-2. 인공지능 관련 산업

구분	정의
로봇 산업	로봇을 생산하는 로봇 제조산업, 로봇 부품 및 관련 소재 산업뿐만 아니라 네트워크 기반 로봇응용, 로봇응용 S/W서비스 콘텐츠 등을 포함하는 관련 산업(로봇 산업 실태조사)
데이터 산업	데이터 산업을 '경제적 부가가치를 창출하기 위하여 데이터의 생산 · 유통 · 거래 · 활용 등 일련의 과정과 관련된 행위와 이와 관련되는 서비스를 제공하는 산업'(데이터기본법)
인공지능 반도체산업	'학습 · 추론 등 인공지능 서비스 구현에 필요한 대규모 연산을 높은 성능, 높은 전력효율로 실행하는 반도체'를 말한다(인공지능 반도체 산업 발전전략)

출처: 산업통상자원부(2024), 과학기술정보통신부(2024), 관계 부처 합동(2020)

로 이와 관련된 제품과 서비스를 제공하는 로봇 산업은 인공지능 산업과 연관성이 매우 높다.

인공지능이 학습을 통해 성능을 높이기 위해서는 데이터가 필수적이다. 데이터와 인공지능은 불가분의 관계로, 데이터 산업은 인공지능 산업과 관련성이 매우 높다. 학습, 추론 등 인공지능 서비스 구현에 필요한 대규모 연산을 수행하는 핵심 부품인 인공지능 반도체 산업은 인공지능 산업에서 필수적인 연관 산업이라 할 수 있다.

참고문헌

과학기술정보통신부(2024). 2023 데이터 산업 현황조사.

관계 부처 합동(2020.10.12). '인공지능 강국' 실현을 위한 인공지능 반도체 산업 발전전략.

국회 과학기술정보방송통신위원장(2024). 인공지능 발전과 신뢰 기반 조성 등에 관한 기본법안(대안).

국회 의안정보시스템 홈페이지. https://likms.assembly.go.kr/bill/main.do

네이버 표준국어대사전. ko.dict.naver.com/#/entry/koko/106f6afb7c6941baac8a1171b0a54859h

산업통상자원부(2024). 2023년 기준 로봇 산업 실태조사. https://www.kiria.org/portal/policysut/portalPlcyReports.do

헨리 브라이튼(2021). 『인공지능 아는 척하기』. 랜덤북스.

Wikipidia. Industrial artificial intelligence. https://en.wikipedia.org/wiki/Artificial_intelligence_in_industry

02
인공지능 산업 분류체계

인공지능 산업은 제공되는 상품과 서비스의 특징에 따라 인공지능 소프트웨어 개발 및 공급업, 인공지능 구축 · 관리 및 정보 서비스업, 인공지능 연산 및 처리 부품 · 장치 제조업으로 구분한다. 표준산업분류로는 소프트웨어 개발 공급업, 컴퓨터 프로그래밍, 시스템 통합 및 관리와 자료 처리, 호스팅, 포털 및 기타 인터넷 정보 매개 서비스업, 반도체 제조업에 해당한다.

AI와 MBTI?

인공지능 산업 분류

인공지능 산업이란 인공지능 기술을 개발하고, 인공지능을 적용한 제품과 서비스 · 플랫폼을 생산하고 유통하고 활용하며, 인공지능과 관련된 조사 분석, 컨설팅, 중개 등 부가 서비스를 제공하는 과정에서 가치를 창출하는 산업을 말한다(과학기술정보통신부, 2024).

인공지능 산업은 제공되는 상품과 서비스의 특징에 따라 크게 인공지능 소프트웨어 개발 및 공급업, 인공지능 구축 · 관리 및 정보 서비스업, 인공지능 연산 및 처리 부품 · 장치 제조업으로 구분한다. 즉 제공되는 형태가 유형의 부품이나 장치인지, 소프트웨어인지, 아니면 무형의 서비스업인지에 따라 세 분류로 나뉜다.

인공지능 소프트웨어 개발 및 공급업

인공지능 소프트웨어는 시스템 소프트웨어와 응용 소프트웨어로 구분한다. 즉, 클라우드 머신 러닝 플랫폼과 같이 인공지능 기술을 구현하기 위한 범용 소프트웨어 및 도구를 개발 · 공급하는 산업과, 추천 엔진과 같은 인공지능 응용 소프트웨어를 개발하는 산업으로 구분할 수 있다.

인공지능 기술을 구현하기 위한 범용 소프트웨어 및

도구를 개발 · 공급하는 산업 활동인 인공지능 시스템 소프트웨어 개발 및 공급업의 대표적인 사례로는 클라우드 머신 러닝 플랫폼을 들 수 있다. 여기서 플랫폼이란 인공지능 기술 구현을 위해 필요한 엔진과 소프트웨어, API(Application Programming Interface), 서비스 등을 종합적으로 제공하는 환경을 의미한다. 즉 클라우드 머신 러닝 플랫폼은 클라우드 컴퓨팅과 머신 러닝을 결합하여 데이터 처리와 분석, 인공지능 모델 학습, 인공지능 서비스 제공까지 가능한 플랫폼이다. 구글이 제공하는 Colab은 무료로 사용할 수 있는 대표적인 클라우드 기반 머신 러닝 플랫폼이다.

인공지능 응용 소프트웨어 개발 및 공급업은 인공지능 기술을 적용하여 산업에서 발생하는 문제를 해결하거나 기업 내부의 생산성 및 효율성을 향상하기 위한 소프트웨어를 개발 · 공급하는 산업 활동을 말한다. 여기에는 대화형 인공지능, 컴퓨터 비전, 감정 인식, 지능형 자동화, 추천 엔진 등이 해당된다. 대화형 인공지능 소프트웨어는 음성과 언어를 인지하여 적절한 답변을 출력하거나, 지속적인 상호작용 기능을 제공하는 인공지능 응용 소프트웨어로, 음성인식 및 자연어 처리 기술이 결합된 소프트웨어다. 대표적으로, 은행 등 금융기관에서 서비스를 제공하고 있는 상담용 챗봇(chatbot), 가상 비서 솔루션 등이 이에 해당한다.

인공지능 구축 · 관리 및 정보 서비스업

인공지능 구축 · 관리 및 관련 정보 서비스업은 인공지능 기술과 시스템 도입을 위해 구축 및 관리 서비스를 제공하거나 관련 정보 서비스를 제공하는 산업을 의미한다. 여기에는 인공지능 구축 컨설팅, 인공지능 시스템 통합, 인공지능 시스템 관리, 인공지능 클라우드 컴퓨팅, 인공지능 정보 서비스 등이 속한다.

인공지능 구축 컨설팅은 인공지능 기술과 시스템의 도입 · 적용 및 효율성 제고를 위한 인공지능 구축 컨설팅 서비스를 말한다. 인공지능 시스템 통합은 인공지능 시스템에 관한 기획, 개발, 구축, 운영 서비스를 의미한다. 인공지능 시스템 관리는 서버와 데이터베이스, 복잡한 네트워크 환경, 다양한 애플리케이션 등 인공지능 관련 IT 자원들을 관리하는 서비스다. 인공지능 클라우드 컴퓨팅은 인공지능 개발 및 연산 · 처리를 위해 클라우드 기반으로 인프라, 플랫폼, 소프트웨어를 제공하는 서비스를 말한다. 인공지능 정보 서비스에는 주문형 인공지능 응용 소프트웨어 제작, 데이터 분석 서비스, 훈련

데이터 생성 등이 속한다.

인공지능 연산 및 처리 부품 · 장치 제조업

인공지능 연산 및 처리 부품 · 장치 제조업은 인공지능 연산 및 처리 능력을 향상시키기 위한 부품과 장치를 제조하는 산업 활동을 말한다.

예를 들어 신경망 처리장치(Neural Processing Unit, NPU)나 뉴로모픽 칩 등 인공지능 전용 칩이 여기에 해당한다. 인공지능 전용 칩은 인공 뉴런 등 새로운 반도체 구조에 기초하여 인공지능에 최적화된 연산과 처리 성능 및 효율을 제공하는 전용 칩이다. 이 밖에 인공지능 전용 목적의 연산 및 처리 부품, 장치 등이 여기에 속한다. CPU와 GPU 등 범용 목적의 인공지능 가속 관련 부품과 장치는 이 산업에서 제외된다.

인공지능 산업과 표준산업분류

인공지능 산업은 세부 산업 단위 기준으로 한국표준산업분류와 연계된다. 인공지능 소프트웨어 개발 및 공급업은 정보통신업(J)의 소프트웨어 개발 공급업(582)에 해당한다.

인공지능 구축 · 관리 및 관련 정보 서비스업 역시 정

표 2-1. 인공지능 산업 분류체계와 표준산업분류 연계표

대분류	중분류	표준산업분류
1. AI SW 개발 및 공급업	11. AI 시스템 SW 개발 및 공급업	(58221) 시스템 소프트웨어 개발 및 공급업
	12. AI 응용 SW 개발 및 공급업	(58211) 유선 온라인 게임 소프트웨어 개발 및 공급업 (58212) 모바일 게임 소프트웨어 개발 및 공급업 (58219) 기타 게임 소프트웨어 개발 및 공급업 (58222) 응용소프트웨어 개발 및 공급업
2. 인공지능 구축.관리 및 관련 정보 서비스업		(62010) 컴퓨터 프로그래밍 서비스업 (62021) 컴퓨터 시스템 통합 자문 및 구축 서비스업 (62022) 컴퓨터시설 관리업 (62090) 기타 정보 기술 및 컴퓨터 운영관련 서비스업 (63111) 자료처리업 (63112) 호스팅 및 관련 서비스업 (63120) 포털 및 기타 인터넷 정보매개 서비스업 (63910) 뉴스 제공업 (63991) 데이터베이스 및 온라인 정보 제공업 (63999) 그 외 기타 정보 서비스업
3. 인공지능 연산 및 처리 부품/장치 제조업		(26111) 메모리용 전자집적회로 제조업 (26112) 비메모리용 및 기타 전자집적회로 제조업 (26121) 발광 다이오드 제조업 (26129) 기타 반도체소자 제조업

보통신업(J)의 컴퓨터 프로그래밍, 시스템 통합 및 관리업(620)과 자료 처리, 호스팅, 포털 및 기타 인터넷 정보 매개 서비스업(631), 기타 정보 서비스업(639)에 해당한다. 인공지능 연산 및 처리 부품 · 장치 제조업은 제조업

(C)의 반도체 제조업(261)에 해당한다.

참고문헌

과학기술정보통신부(2024). 2023년 인공지능 산업 실태조사.
https://stat.spri.kr/posts/view/23734

구글 Colab 홈페이지. https://colab.research.google.com/

03
인공지능 산업 실태조사

인공지능 산업 육성과 지원 정책 수립을 위해서는 해당 산업과 관련한 통계 생산이 필요하다는 인식에서 시작하게 된 인공지능 산업 실태조사는 인공지능 산업 관련 기업체를 방문하여 매출, 인력, 수출, 인공지능 모델 개발 도구 현황, 컴퓨팅 인프라 현황, 데이터 확보와 활용 현황 등을 매년 조사하여 결과를 발표한다.

AI와 난임 극복?

조사 배경

인공지능 산업 실태조사는 AI가 산업과 사회 전반에 걸쳐 패러다임 변화를 촉발할 뿐 아니라 그 자체로 부가가치를 창출하는 산업이라는 점에 주목하여, 인공지능 산업 육성과 지원 정책 수립을 위해서는 해당 산업과 관련한 통계 생산이 필요하다는 인식에서 시작하게 되었다. 인공지능 산업은 기술 기반 산업의 특징을 띠고 있으면서 소프트웨어와 서비스 형태로 제공되기 때문에 이러한 특징을 반영하기 위한 별도의 통계조사로 설계되었다.

인공지능 산업 실태조사는 2017년과 2018년 두 차례 시범조사를 거쳐 2019년 정식으로 조사를 시행, 통계청의 국가승인통계(승인번호 제127016호)로 등록되었다. 작성 주기는 1년(매년)이며, 조사 기준 시점은 전년도 말일로, 2023년 실태조사의 경우 2022년 12월 31일이다. 조사 기간은 통상 매년 9월에서 11월이며, 본 조사에 8주, 보강 조사에 4주 정도 소요된다.

조사 대상이 되는 전체 집단을 지칭하는 조사 모집단은 인공지능 산업 및 관련 사업을 영위하는 1인 이상 직원을 보유한 기업체다. 2023년 인공지능 산업 실태조사의 모집단은 2354개 사로, 표본을 추출하지 않고 대상 기업 전체를 모두 조사하는 전수조사 형태로 진행했다. 산업조사의 경우 기업 전체를 조사하지 않고 일부만 뽑아서 조사하는 표본조사 방법을 선택하는데, 그 이유는 조사 대상의 기업 수가 많을 경우 비용과 시간이 과도하게 소요되므로 표본조사가 더 효율적이기 때문이다. 하지만 방송 산업 실태조사와 같이 전체 조사 대상 사업체가 많지 않을 경우(2023년 조사의 경우 약 400개 사) 전수조사 방법을 선택한다.

인공지능 산업 실태조사는 2021년부터 조사 기준을 사업체에서 기업체로 변경했다. 기업을 대상으로 하는 통계조사의 경우, 조사 기준은 통상 사업체, 혹은 기업체로 정해지는데 통계청이 매년 수행하는 전국사업체조사의 정의에 따르면 사업체란 일정한 물리적 장소 또는 일정한 지역 내에서 하나의 단일 또는 주된 경제활동에 독립적으로 종사하는 기업체 또는 기업체를 구성하는 부분 단위를 말한다. 반면 기업체란, 재화 및 서비스를 생산하는 법적 또는 제도적 최소 경영 단위로 자원 배분에 관한 의사결정의 자율성이 있고, 수입, 지출 및 자금 관리에 관한 재무제표(손익계산서, 대차대조표, 기타 기록 등)를 독립적으로 유지, 관리하는 단위이다. 즉 기업체는 단독 사업체와 본사 · 본점 등 모두를 포괄하는 개념으로, 하나의 기업체는 여러 개의 사업체로 구성될 수 있음을 의미한다.

표 3-1. 인공지능 산업 실태조사 세부 조사 항목

구분	조사 내용
일반 현황	기업명, 대표자 성별, 설립연도. 인공지능 시작연도, 상장 여부, 부설연구소 유무, 인공지능 주사업 여부
기술 및 사업 현황	보유 인공지능 기술, 인공지능 주력 사업 분야. 대표 인공지능 제품 · 서비스, 인공지능 모델 개발 도구. 인공지능 연산 인프라. 인공지능 컴퓨팅 인프라, 보유 GPU 규모. 학습용 데이터 확보 방식. 공공 데이터 활용 비중. 데이터 확보 및 활용 애로사항, 정부 주도 AI 지원사업 참여 경험
매출 현황	전체 매출액. 인공지능 전체 매출. 인공지능 사업 분야별/고객별 매출
인력 현황	전체 종사자 수. 인공지능 부문 종사자 수. 인공지능 여성 종사자 수. 외국인 종사자 수. 직업/학력/경력별 인공지능 인력, 퇴사 인공지능 전문인력
수출 현황	인공지능 부문 해외 수출액 및 수출 형태 수출국가별 비중. 인공지능 기술 · 제품 · 서비스 해외 수출 계획.
투자 및 특허	연구개발 투자액. 인공지능 부문 연구개발 투자액. 외부 투자 유치 실적, 인공지능 부문 특허 건수

출처: 과학기술정보통신부(2024). 2023년 인공지능 산업 실태조사. pp.18-19.

조사 항목

인공지능 산업 실태조사 설문지는 대부분의 산업 관련 조사가 그렇듯이 기업의 일반 현황과 매출, 인력, 수출 관련 문항으로 구성되어 있다. 또한 인공지능 산업이 기술 집약적인 특징을 가지고 있음을 감안하여 인공지능 모델 개발 도구 현황과 컴퓨팅 인프라 현황을 조사하고 있다. 특히 인공지능 산업은 데이터 활용이 필수이므로 데이터 확보와 활용 현황도 조사하고 있다.

조사 방법과 모집단

인공지능 산업 실태조사는 조사원이 조사 대상 기업체를 직접 방문하여 설문지를 작성하는 방문 면접조사 방법을 적용하고 있다. 조사 상황에 따라 전화 및 이메일 조사도 병행한다.

조사 대상인 목표 모집단은 인공지능 산업 관련 사업을 영위하는 기업체로, 인공지능 소프트웨어와 인공지능 서비스, 인공지능 하드웨어와 관련된 산업 활동을 포함한다. 표준산업분류체계 관점에서 조사 대상은 정보통신업에서 인공지능 소프트웨어와 서비스를 생산·제공하는 기업체와, 제조업에서 인공지능 하드웨어를 생산하는 기업체를 의미한다.

목표 모집단은 실제 조사를 수행하는 과정에서 현실을 반영하여 조정을 거쳐 조사 모집단으로 확정한다. ICT에 관련된 기업 명부를 작성한 ICT 통합모집단을 기초로 인공지능 관련 기업 명부를 작성하고, 이를 대상으로 전화 확인 등의 검증 과정을 거치는 단계를 '모집단

표 3-2. 인공지능 산업 실태조사 모집단 분포

구분	1,000 인 이상	100~ 1,000 인 미만	10~ 100인 미만	10인 미만	합계
인공지능 소프트웨어 개발 및 공급업	22	127	914	649	1,712
인공지능 구축 · 관리 및 관련 정보 서비스업	10	93	342	170	615
인공지능 연산 및 처리 부품/장치 제조업	2	8	10	7	27
합계	34	228	1,266	826	2,354

출처: 과학기술정보통신부(2024). 2023년 인공지능 산업 실태조사. p.31.

정비'라 칭하는데, 2023년 조사의 경우 최종적으로 2354개의 인공지능 기업체가 조사 모집단으로 확정되었다.

가장 많은 기업이 속해 있는 인공지능 소프트웨어 개발 및 공급업의 경우, 100인 미만의 작은 기업이 다수를 차지하고 있으며 1000인 이상의 기업은 22개로 나타났다. 인공지능 구축 · 관리 및 관련 정보 서비스업도 유사한 분포를 보였으며, 가장 적은 기업으로 구성된 인공지능 연산 및 처리 부품 · 장치 제조업의 경우, 1000인 이상 기업이 2개에 불과했다.

모수 추정

대상 기업체를 하나도 빠짐없이 모두 조사하는 전수조사의 경우 응답 업체에서 조사를 거부하거나, 영세한 업체의 경우 응답자와 접촉하지 못하는 등 다양한 이유로 조사에 응답하지 않는 기업이 나오게 된다. 이 경우, 조사 결과를 단순 집계하면 실제보다 적은 값이 나오게 되므로 응답하지 않은 기업을 반영한 가중치를 적용하여 모수를 추정하는 작업을 하게 된다.

인공지능 산업 실태조사에서는 업종(인공지능 소프트웨어, 서비스, 하드웨어)과 종사자 규모(1000인 이상, 100~1000인 미만, 10~100인 미만, 10인 미만), 매출액 규모(1000억 이상, 100~1000억 미만, 10~100억 미만, 1~10억 미만, 1억 미만, 매출 없음)를 고려하여 조사하지 않은 기업체도 마치 조사한 것처럼 수치를 반영하는 가중치 작업을 한다. 인공지능 산업 실태조사에서는 모집단의 종사자 수, 매출액 등에 관한 종합적인 정보를 알고 있는 경우, 설계 가중치와 무응답 조정 계수를 곱한 가중치를 적용하여 추정한 매출액이나, 종사자 수의 비(ratio)를 사용하여 모수 추정에서 편향을 보정하기 위해서 사후층화 보정계수를 가중치로 보완했다.

조사에 참여하더라도 일부 항목(매출액, 수출액 등)

등에서 영업 비밀 등의 이유를 들어 응답을 하지 않는 경우가 발생한다. 이를 결측치라고 하는데, 실제 값이 존재하지만 조사를 하지 못한 상황이므로 이를 보정하는 작업을 결측치 대체(imputation)라고 한다. 결측치를 대체하는 방법은 그 특징에 따라 콜덱(Cold-deck) 대체법과 핫덱(Hot-deck) 대체법으로 구분한다. 콜덱 대체법은 작년 자료나 외부 자료를 활용할 경우를 지칭하고, 핫덱 대체법은 해당 기업체와 유사한 규모의 업체가 응답한 값을 활용하는 것을 말한다.

인공지능 산업 실태조사에서 항목 무응답의 경우, 전체 매출액, 연구개발 투자액, 총 종사자 수 무응답의 경우 전자공시자료, 기업 신용평가, 기업 재무제표 자료를 토대로 보완하는 콜덱(Cold-deck) 대체법을 활용했다. 전년도 응답 기업체 중 전자공시자료, 기업 신용평가, 기업 재무제표 자료가 없는 경우, 전년도 자료를 기준으로 해당 기업체가 속한 동일 구간(매출액 규모, 종사자 규모 등)의 증감률을 반영하여 보완했다. 전년도 미응답 기업체의 경우, 해당 기업체가 속한 동일 구간(매출액 규모, 종사자 규모 등)의 대푯값(mean)으로 대체하는 핫덱 대체법을 활용했다.

참고문헌

과학기술정보통신부(2024). 2023년 인공지능 산업 실태조사.
https://stat.spri.kr/posts/view/23734

04
한국의 인공지능 산업

인공지능 산업에 종사하는 기업의 62.8%가 2015년 이후에 설립, 대부분의 기업이 10년 미만인 신흥 산업의 특성을 나타내고 있다. 그중 인공지능 응용 소프트웨어가 주력 산업인 기업이 46.8%로 가장 높았으며, 인공지능 산업의 매출은 4.3조 원, 종사자 수는 490586명이며, 이 중에서 인공지능 분야 종사자 수는 42551명이다.

AI와 사주?

일반 현황

과학기술정보통신부가 2023년 하반기에 조사한 인공지능 산업 실태조사 결과, 인공지능 산업에 종사하는 기업 대표자는 남성이 91.0%, 여성이 9.0%로 나타났다. 인공지능 산업에 속하는 기업의 94.0%가 비상장이었으며, 코스닥 상장은 4.5%, 코스피 상장 1.4%, 코넥스 상장이 0.2%로 나타났다. 기업 부설 연구소는 76.8%가 있다고 응답하여 인공지능 산업에서 연구개발이 중요함을 시사한다.

조사 대상 업체 중 인공지능을 주 사업으로 영위하는 기업체는 79.7%로 나타났으며, 타 사업을 주 사업으로 영위하는 기업체는 20.3%였다. 기업 설립연도는 2015년 이후가 62.8%로, 대다수가 10년 미만인 산업 특성을 나타냈으며, 2010~2014년이 15.3%, 2005~2009년이 7.2%, 2004년 이전이 14.8%로 나타났다.

인공지능 분야의 기획과 개발 시점은 2015~2019년이 51.6%로 가장 많았고, 2020년 이후도 39.4%로 나타났다. 인공지능 제품과 서비스 출시 시점은 2020년 이후가 58.9%로 가장 많았고, 2015~2019년이 37.3%로 뒤를 이었다.

인공지능 기술과 사업 현황

조사 대상 기업 중 가장 많은 기업이 보유하고 있는 인공지능 기술 분야는 시각 지능(30.1%)이었으며, 그다음으로 추론·지식 표현(25.1%), 언어 지능(12.8%), 지능형 에이전트(10.3%), 청각 지능(5.0%)의 순으로 나타났다.

인공지능 부문 주력 사업 분야는 인공지능 응용 소프트웨어가 46.8%로 가장 높았으며, 인공지능 구축·관리 및 관련 정보 서비스가 29.9%, 인공지능 시스템 소프트웨어가 22.1%, 인공지능 연산 및 처리 부품·장치가 1.2%로 나타났다.

인공지능 기업의 수명 주기를 도입기, 초기 성장기, 고도성장기, 성숙기, 쇠퇴기로 구분할 때, 초기 성장기애 해당되는 기업이 57.6%로 가장 많았으며, 고도성장기가 22.3%, 도입기가 13.8%, 성숙기가 5.8%, 쇠퇴기가 0.5%로 나타나 인공지능 산업은 초기 단계의 특성을 지니고 있음을 시사한다.

인공지능이 응용되는 산업 분야로는 정보통신업(J)이 44.7%로 가장 높게 나타났으며, 제조업(C) 26.1%, 보건업 및 사회복지 서비스업(Q) 15.9%, 공공 행정, 국방 및 사회보장 행정(O) 15.4%, 금융 및 보험업(K) 11.6%, 교육 서비스업(P) 9.7%의 순으로 나타났다. 인공지능 연산을 위해 활용하는 인프라 형태는 혼합 환경(자사 GPU +클라우드)이 40.7%로 가장 높았으며, 클라우드 활용이 38.5%, 자사 GPU 활용이 20.8%로 나타났다.

매출 현황

조사 대상 기업 중 2022년에 인공지능 매출이 발생한 기업은 76.5%로, 매출총액은 4.3조 원이었으며, 기업당 평균 매출액은 23.9억 원으로 나타났다. 사업 분야별 매출액은 인공지능 응용 소프트웨어 매출액이 1.9조 원으로 가장 많았으며, 인공지능 구축 · 관리 및 관련 정보 서비스 매출액은 1.6조 원, 인공지능 시스템 소프트웨어 매출액은 6293억 원, 인공지능 연산 · 처리 부품 · 장치 매출액이 2002억 원으로 나타났다.

고객별 매출액은 민간 기업을 대상으로 하는(B2B)매출액이 3.1조 원으로 가장 많았으며, 그다음으로 공공부문(B2G) 매출액이 8278억 원이었으며, 개인(B2C) 매출액은 3416억 원으로 가장 적었다.

인력 현황

2022년 기준 인공지능 관련 기업체의 전체 종사자 수는 490586명으로, 기업별 평균 종사자 수는 208.4명으로 나타났다. 이 중에서 인공지능 분야 종사자 수는 42551명이었으며, 기업별 평균 종사자 수는 18.1명이었다. 2023년 6월 30일 기준 인공지능 분야 종사자 수는 51425명으로, 기업별 평균 종사자 수는 21.8명으로 나타나 전년에 비해 증가 추세를 보였다.

인공지능 분야 여성 종사자 수는 2023년 6월 기준 8001명으로, 기업별 평균 여성 종사자 수는 3.4명이었다. 인공지능 분야 외국인 종사자 수는 615명으로, 기업별 평균 외국인 종사자 수는 0.3명이었다.

직업별 인공지능 종사자 수는 인공지능 개발자가 36259명으로 가장 많았으며, 다음으로 인공지능 프로젝트 관리자가 4787명, 데이터 가공 · 처리 종사자 3018명, 인공지능 컨설턴트 2678명, 인공지능 데이터 분석가 2652명, 인공지능 시스템 운영 · 관리자가 2032명이었다.

학력별 인공지능 종사자 수는 2023년 6월 기준으로 대학교 졸업이 32916명으로 가장 많았으며, 대학원 석사 졸업이 12018명, 대학원 박사 졸업 4124명, 전문대졸 이하가 2368명으로, 인공지능 산업 종사자가 고학력임을 시사한다. 경력별 인공지능 종사자 수는 3년 이상~7년 미만이 19324명으로 가장 큰 비중을 차지하고 있으며, 3년 미만이 14821명, 7년 이상~10년 미만이 10650명, 10년 이상이 6631명으로 나타나 인공지능 산업 종사자는 근속년수가 길지 않음을 알 수 있다.

수출 현황

인공지능 기술이나 제품 · 서비스를 해외로 수출하는지를 질문한 결과, 5.1%만이 수출하고 있다고 응답했다. 인공지능 해외 수출 총액은 2621억 원으로, 평균 인공지능 해외 수출액은 25.2억 원이었다.

주 사업 분야별 수출은 인공지능 소프트웨어 기업이 2407억 원으로 가장 많았고, 그다음으로 인공지능 서비스가 150억 원, 인공지능 하드웨어 부문이 64억 원이었다. 수출 국가별 비중은 미국(북미)이 34.7%로 가장 높았으며, 그다음이 일본(28.7%), 동남아시아(9.8%), 유럽(9.6%)의 순으로 나타났다.

향후 인공지능 부문 수출을 중단하거나 수출 계획이 없는 기업들이 해외 수출을 계획하지 않는 이유로는 해외 수출 절차가 복잡해서가 52.8%로 가장 높게 나타났으며, 다음으로 해외 수출에 소요되는 비용이 부담스러움(49.3%), 수출 담당 인력 · 조직 부재(32.9%) 순으로 나타났다. 인공지능 부문 수출을 지속하거나 준비 중인 기업들이 해외 수출 시 가장 중요하게 생각하는 수출 지원 사업은 현지화 지원이 4.27점으로 가장 높게 나타났으며(5점 척도), 해외 진출 컨설팅(4.19점), 자금 및 투자 유치(4.15점) 순서로 나타났다.

투자 및 개발 현황

인공지능 부문 연구개발 투자액은 2022년 기준 2.9조 원이었으며, 평균 연구개발 투자액은 12.3억 원으로 나타났다. 인공지능 연구개발 투자 부문별 비중은 경상비인 인건비가 가장 높은 68.8%였으며, 기타 경상비가 19.8%, 기계장치가 5.6%로 경상비가 대부분을 차지했다.

외부 투자 유치 실적이 있는 기업은 22.5%로, 다수의 기업이 투자 유치 실적이 없는 것으로 나타났다. 외부 투자 유치 실적 보유 기업체의 투자 유치 실적은 9,939억 원으로, 평균 금액은 19.3억 원인 것으로 나타났다. 외부 투자 유치 방법은 벤처캐피탈, 엔젤 투자가 69.8%로 가장 높았으며, 정부 정책 지원금이 18.8%, 은행 등 일반 금융이 11.1%, IPO(기업공개, 상장, 주식 발행)가 6.6%로 나타났다.

출원 기준 인공지능 관련 연구개발 특허 현황은 2021년 3741건, 2022년 3981건으로 나타나 증가세를 보였으며, 현재(2023년 6월 30일)까지의 누적 기준으로 14868건의 특허를 출원한 것으로 나타났다. 등록 기준 인공지능 관련 연구개발 특허 역시 2021년 2402건, 2022년 2686건으로 증가 추세를 보였으며, 2023년 6월 30일 현재 누적 기준으로 9093건의 특허를 등록한 것으로 나타났다.

애로 사항

인공지능 사업 운영 과정에서 가장 어려움을 느끼는 사항은 5점 척도로 측정했을 때 AI 인력 부족이 4.25점으로 가장 높았고, 데이터 확보 및 품질 문제가 3.98점으로 그다음으로 높았다. 투자 유치의 어려움이 3.80점, 국내 시장의 협소함이 3.67점, AI 인프라(컴퓨팅) 부족이 3.62점, 기술 개발 및 사업화의 불확실성이 3.57점으로 그 뒤를 이었다.

AI 인력 부족의 경우, 종사자 규모와 관계없이 비슷한 수준으로 어려움을 호소했지만, 매출액 규모가 클수록 더 어려움을 느끼는 것으로 나타났다. 데이터 확보 및 품질 문제는 종사자 규모가 큰 기업(1000인 이상)이 더 어려움을 느끼고 있으며, 매출액 규모가 큰 기업(1000억 이상)일수록 더 어려움을 느끼는 것으로 나타났다.

참고문헌

과학기술정보통신부(2024). 2023년 인공지능 산업 실태조사. https://stat.spri.kr/posts/view/23734

05
인공지능 직업 분류

인공지능 인력은 인공지능 프로젝트 관리자, 인공지능 컨설턴트, 인공지능 개발자, 인공지능 시스템 운영 · 관리자, 데이터 가공 · 처리 종사자, 인공지능 데이터 분석가로 구분한다. 표준직업분류 기준으로는 정보통신 관련 관리자, 컴퓨터 시스템 및 소프트웨어 전문가, 네트워크 및 정보 보안 전문가, 데이터 전문가가 이에 해당한다.

AI와 아이돌?

인공지능 직업 분류

인공지능 산업에 종사하는 인력은 인공지능 프로젝트 관리자, 인공지능 컨설턴트, 인공지능 개발자, 인공지능 시스템 운영 · 관리자, 데이터 가공 · 처리 종사자, 인공지능 데이터 분석가 등 7종으로 구분한다.

인공지능 프로젝트 관리자는 인공지능 사업과 프로젝트를 총괄하는 직무에 종사하는 사람을 지칭한다. 인공지능 컨설턴트는 기업의 인공지능 시스템 도입과 구축 및 활용에 관한 컨설팅을 수행하는 직무를 말한다. 인공지능 개발자는 인공지능에 관한 지식과 경험을 기반으로 인공지능 제품, 서비스, 인프라 개발 업무를 수행하는 직무를 말한다.

인공지능 개발자는 세부 영역에 따라 인공지능 아키텍처 설계 및 분석가, 인공지능 SW 개발자, 인공지능 HW 개발자, 인공지능 서비스 개발자, 기타로 구분한다. 인공지능 아키텍처 설계 및 분석가는 인공지능 모델, 시스템 아키텍처, 플랫폼을 설계하는 직무로, 인공지능 인프라스트럭처 전체를 설계하는 직무다. 인공지능 SW 개발자는 인공지능 모델 설계 및 학습, 추론 SW를 개발하는 직무를 말한다. 기계 학습 엔지니어, 음성인식 엔지니어, 자연어 처리 엔지니어 등이 여기에 속한다. 인공지능 HW 개발자는 대규모 병렬 연산을 고효율적으로 처리할 수 있는 프로세싱 코어 혹은 이를 활용한 하드웨어를 개발한다. 인공지능 서비스 개발자는 DB, API, Frontend, Backend 등 인공지능 서비스 개발에 필요한 SW 개발을 수행하는 직무를 지칭한다. 인공지능 학습 데이터 관리를 위한 데이터베이스 개발도 이 직무가 수행한다.

인공지능 시스템 운영 · 관리자는 인공지능 시스템을 안정적이고 효율적으로 운영, 관리하고 지원하기 위한 유지 · 보수를 수행하는 직무다. 시스템 관리뿐 아니라 기술 지원, 기술 교육, DB 유지 관리, 프로젝트 관리, 품질보증 등의 업무를 담당한다. 데이터 가공 · 처리 종사자는 인공지능 학습을 위한 데이터 전처리 업무를 수행하는 직무로 데이터 라벨링, 데이터 결합, 데이터 변형, 데이터 구조분석, 텍스트 마이닝 등의 업무를 담당한다. 인공지능 데이터 분석가는 다양한 데이터를 처리, 분석하여 기업 경영의 의사결정에 필요한 자료를 생성하는 직무로, 통계, 머신 러닝, 텍스트 마이닝 기반 데이터 분석과 분석 결과 시각화 등의 업무를 담당한다.

표 5-1. 인공지능 직업 분류와 정의

직업 분류	역할
1. 인공지능 프로젝트 관리자	인공지능 사업 · 프로젝트를 총괄
2. 인공지능 컨설턴트	기업의 인공지능 시스템 도입 · 구축 및 활용에 관한 컨설팅 수행
3. 인공지능 개발자	인공지능 분야의 지식과 경험을 기반으로 인공지능 제품, 서비스, 인프라 개발 업무 수행
3.1. 인공지능 아키텍처 설계 및 분석가	인공지능 모델 · 시스템 아키텍처 · 플랫폼 설계
3.2. 인공지능 SW 개발자	인공지능 모델 설계 및 학습.추론 SW 개발
3.3. 인공지능HW 개발자	대규모 병렬연산을 고효율적으로 처리할 수 있는 프로세싱 코어 혹은 이를 활용한 하드웨어를 개발하는 사람
3.4. 인공지능 서비스 개발자	DB, API, Frontend, Backend 등 인공지능 서비스 개발에 필요한 SW개발을 수행하는 사람
3.5. 기타	그 외 인공지능 제품.서비스 관련 개발 업무를 수행하는 사람
4. 인공지능 시스템 운영 · 관리자	인공지능 시스템을 안정적이고 효율적으로 운영 · 관리하고 지원하기 위한 유지/보수를 수행하는 사람
5. 데이터 가공 · 처리 종사자	인공지능 학습을 위한 데이터 전처리 업무를 수행하는 사람
6. 인공지능 데이터 분석가	인공지능을 기반으로 다양한 데이터를 식별, 관리 · 조작, 분석하여 기업의 경영의 의사결정에 필요한 자료를 생성하는 사람

출처: 과학기술정보통신부(2024). pp.252-253.

한국표준직업분류와 인공지능 직업

통계청의 한국표준직업분류는 수입을 위해 개인이 하고 있는 일(경제활동)을 그 형태에 따라 체계적으로 유형화

표 5-2. 인공지능 직업 분류와 한국표준직업분류 연계

인공지능 직업 분류	한국표준직업분류(분류코드) 및 직업 예시
1.인공지능 프로젝트 관리자	컴퓨터 하드웨어 개발 관리자(13501) - 하드웨어 개발부서 관리자 컴퓨터 소프트웨어 개발 관리자(13502) - 소프트웨어 개발부서 관리자
2.인공지능 컨설턴트	정보통신기술 컨설턴트(22211) 정보시스템 컨설턴트, 응용시스템 컨설턴트
3.인공지능 개발자	시스템 소프트웨어 개발자(2222) - 운영체제 소프트웨어 개발자 - 시스템 프로그래머
4. 인공지능 시스템 운영.관리자	정보 시스템 운영자(22410) - 시스템 관리자, 컴퓨터시스템 관리자
5. 데이터 가공.처리 종사자	데이터 관리 및 운영자(22313) - 데이터베이스 운영자
6. 인공지능 데이터 분석가	데이터분석가(22312) -데이터사이언티스트

출처: 통계청 한국표준직업분류 해설서 내용을 발취하여 저자 작성.

(분류)한 것으로 통계조사에 사용할 목적으로 만든 것이다. 현재 한국표준직업분류에는 인공지능이라는 단어가 들어간 직업은 없다. 한국표준직업분류는 직업을 관리자, 전문가 및 관련 종사자, 사무 종사자, 서비스 종사자, 판매종사자, 농림어업 숙련 종사자, 기능원 및 관련 기능 종사자, 장치 · 기계 조작 및 조립 종사자, 단순 노무 종사자 등 9종으로 구분한다.

한국표준직업분류 중에서 인공지능과 관련된 직업은

관리자(분류코드 1)와 전문가 및 관련 종사자(분류코드 2)에서 찾을 수 있다. 관리자 중에서는 정보통신 관련 관리자(135)가, 전문가 및 관련 종사자(분류코드 2) 중에서는 컴퓨터 시스템 및 소프트웨어 전문가(222), 네트워크 및 정보 보안 전문가(223), 데이터 전문가(224)가 인공지능 직업과 관련이 있다.

인공지능 인력 채용 현황

2023 인공지능 산업 실태조사에 따르면 2023년 6월 30일 기준 인공지능 인력은 총 51425명이며, 부족 인력은 8579명으로 부족률이 14.3%에 달하는 것으로 나타나 인공지능 분야의 인력 확보가 현안임을 알 수 있다. 2024년 채용 예정 인력은 8227명으로 조사되었는데, 이는 부족 인력의 95.9%에 해당하는 수치다.

직업별로는 인공지능 개발자 직무의 부족 인원이 5257명으로 가장 많았으며, 다음으로 인공지능 프로젝트 관리자가 793명, 인공지능 컨설턴트가 760명 등의 순으로 나타났다. 부족률을 기준으로 보면, 인공지능 시스템 운영·관리자가 22.9%로 가장 높았으며, 인공지능 컨설턴트가 22.1%, 데이터 가공·처리 종사자가 19.2%로 뒤를 이었다.

표 5-3. 인공지능 인력 현황(단위: 명, %)

구분	2023년 인력	부족인력 (부족률 %)	2024 채용 예정 (충원률 %)
1. 인공지능 프로젝트 관리자	4,787	793(14.2)	899(113.4)
2. 인공지능 컨설턴트	2,678	760(22.1)	731(96.2)
3. 인공지능 개발자	36,259	5,257(12.7)	4,903(93.3)
3.1. 인공지능 아키텍처 설계 및 분석가	3,926	641(14.0)	614(95.8)
3.2. 인공지능 SW 개발자	16,886	3,376(16.7)	3,072(91.0)
3.3. 인공지능HW 개발자	1,602	214(11.8)	207(96.7)
3.4. 인공지능 서비스 개발자	12,558	817(6.1)	804(98.4)
3.5. 기타	1,287	210(14.0)	205(97.6)
4. 인공지능 시스템 운영.관리자	2,032	603(22.9)	567(94.0)
5. 데이터 가공.처리 종사자	3,018	716(19.2)	694(96.9)
6. 인공지능 데이터 분석가	2,652	450(14.5)	434(96.4)
합계	51,425	8,579(14.3)	8,227(95.9)

출처: 과학기술정보통신부(2024). p.13. 인력현황표 요약.

2024년 채용 예정 인력은 부족 인력과 마찬가지로 인공지능 개발자 직무가 4,903명으로 가장 많았으며, 그다음으로 인공지능 프로젝트 관리자가 899명, 인공지능 컨설턴트가 731명으로 나타났다. 부족 인력 대비 채용 예정 인력 비율을 보면 인공지능 프로젝트 관리자가 113.4%로 가장 높았으며, 인공지능 컨설턴트가 96.2%로 뒤를 이었다.

참고문헌

과학기술정보통신부(2024). 2023년 인공지능 산업 실태조사. https://stat.spri.kr/posts/view/23734

통계청 통계분류포털 한국표준직업분류. https://kssc.kostat.go.kr:8443/ksscNew_web/kssc/main/main.do?gubun=1#

06
로봇 산업 실태조사

인공지능하면 자연스럽게 떠오르는 단어가 로봇이듯 인공지능 산업과 높은 관련성을 지닌 로봇 산업은 로봇을 생산하는 로봇 제조 산업, 로봇 부품 및 관련 소재 산업뿐만 아니라 네트워크 기반 로봇 응용, 로봇 응용 S/W 서비스 콘텐츠 등을 포함하는 산업이다. 사업체 수, 매출, 인력에서 매년 증가 추세를 나타내는 성장 산업이다.

AI와 야구?

조사 배경

인공지능하면 자연스럽게 떠오르는 단어가 로봇이다. SF 영화와 만화의 단골 소재이기도 한 로봇은 인간보다 높은 지능과 함께 뛰어난 신체 능력을 가진 것으로 표현되기 때문에 인공지능 산업이 지향하는 최종 개발 목표라고 할 수 있다. 이러한 이유로 로봇 산업은 최근 국가적 차원에서 관심이 집중된 분야라고 할 수 있다.

로봇 산업은 로봇을 생산하는 로봇 제조 산업, 로봇 부품 및 관련 소재 산업뿐만 아니라 네트워크 기반 로봇 응용, 로봇 응용 S/W 서비스 콘텐츠 등을 포함하는 관련 산업으로 정의한다(산업통상자원부, 2024). 로봇 산업 실태조사는「지능형 로봇 개발 및 보급 촉진법」제7조(산업통계 및 실태조사)를 법적 근거로 하여 국내 로봇 산업 발전을 위한 기업의 경영전략 및 국가정책 수립의 기초 자료를 제공할 목적으로 산업통상자원부가 한국로봇 산업진흥원 및 한국로봇 산업협회와 함께 2006년부터 매년 조사를 실시하고 있다.

로봇 산업 실태조사는 2006년 통계청의 국가승인통계(승인번호 제373002호)로 등록되었다. 작성 주기는 1년이며, 조사 기준 시점은 2023년 기준 로봇 산업 실태조사보고서의 경우 2023년 12월 31일이다. 조사 기간은 매년 6월에서 8월이며, 전문 조사원이 사업체를 방문하여 면접조사 방식으로 이루어진다.

조사 대상은 로봇 산업 특수분류에서 정의한 7대 대분류에 해당하는 업체 중 2023년을 기준으로 로봇 산업 관련 경영 활동을 영위한 사업체다. 한국표준산업분류 기준으로는 제조업(C), 도매 및 소매업(G), 정보통신업(J), 전문, 과학 및 기술 서비스업(M), 사업시설관리 및 사업지원 서비스업(N), 교육 서비스업(P), 예술, 스포츠 및 여가 관련 서비스업(R)에 속하는 사업체가 해당된다.

조사 항목

로봇 산업 실태조사는 인공지능 산업 실태조사와 유사하게 사업체의 일반 현황과 경영 실태를 파악할 수 있는 매출, 인력, 수출 등으로 구성되어 있다. 사업체 개요는 설립 연월, 대표자 성별, 자본금 총액, 자산 총액, 매출액, 부설 연구소 운영 관련 문항으로 구성되어 있다.

종사자 수 항목은 고용 형태별, 성별, 직무별 종사자 수와 직무별 부족 인원, 직무별 채용 예정 인원, 연구개발직 학력별 종사자 수로 구성되어 있다. 그 밖에 로봇 산업 업종, 로봇 산업 품목별 생산 및 출하 현황, 로봇 산업 품목별 수입 현황, 연구개발 및 지식재산권 현황, 로봇 산업 설비 투자 실적 및 계획 현황, 외부 투자 유치 현황 및 계획 등으로 조사 문항이 구성되어 있다.

로봇 산업 특수분류

산업 통계는 통계청이 제시하는 표준분류를 적용해야 한다. 표준분류란 통계법 제22조에 의해 승인통계를 만드는 기관이 준수해야 할 의무인데 통계의 신뢰도와 국제 비교 등을 위해 동일한 기준으로 통계를 만들기 위한 제도다(통계청 통계분류포털).

특수분류란 통계법 제22조 제2항에 의해 표준분류 준수 의무의 예외를 인정한 분류다. 표준산업분류는 개정 주기가 길기 때문에 경제 · 사회 구조 변화에 탄력적으로 대응하려면 특정 분야에 해당하는 표준분류 항목을 발췌 또는 재분류하여 특별한 목적으로 만든 분류체계가 필요하다. 2025년 현재 22개의 특수분류를 운영 중인데, 대표적인 특수분류로는 정보통신기술(ICT) 산업 특수분류, 콘텐츠 산업 특수분류, 신재생에너지 산업 특수분류. 농림축산식품 산업 특수분류, 스포츠 산업 특수분류, 물류 산업 특수분류, 재난안전 산업 특수분류, 블록체인 산업 특수분류, 환경 산업 특수분류, 소방 산업 특수분류, 지식재산서비스 산업 특수분류, 이러닝 산업 특

표 6-1. 로봇 산업 특수분류

대분류	중분류
제조업용 로봇 제조	이적재용 및 핸들링 로봇 제조 공작물 장착 및 탈착용 로봇 제조 용접 및 납땜용 로봇 제조 조립, 분해, 접착, 마킹 및 라벨링용 로봇 제조 물품 연마, 절단 등 가공 및 표면처리용 로봇 제조 생명공학기술 공정용 로봇 제조 측정, 검사, 시험용 로봇 제조 기타 제조업용 로봇 제조
전문서비스용 로봇 제조	사업시설 관리용 로봇 제조 안전 및 극한작업용 로봇 제조 의료용 로봇 제조 건설용 로봇 제조 군사용 로봇 제조 농림어업용 로봇 제조 여가 및 오락 서비스용 로봇 제조 기타 전문서비스용 로봇 제조
개인서비스용 로봇 제조	가사용 로봇 제조 개인 건강관리용 로봇 제조 개인 여가 · 오락 · 취미용 및 감성교감 로봇 제조 교육용 로봇 제조 기타 개인서비스용 로봇 제조
로봇부품 제조 및 소프트웨어 개발 · 공급	로봇 구조용 부품 제조 로봇 구동용 부품 제조 로봇용 감지(센싱)장치 및 관련 부품 제조 로봇 제어용 부품 제조 로봇용 작동 소프트웨어 개발 및 공급 기타 로봇부품 제조
로봇시스템 제조	제조업용 로봇시스템 제조 전문서비스용 로봇시스템 제조 기타 로봇시스템 제조
로봇임베디	로봇임베디드 교통수단 제조

드 제품 제조	로봇임베디드 가전제품 제조 로봇임베디드 운동기기 제조 로봇임베디드 정보통신기술 적용 제품 제조 기타 로봇임베디드 제품 제조
로봇 관련 서비스	로봇 도 · 소매 로봇 이용 음식점 및 관련 정보서비스 로봇 임대서비스 로봇공학 연구개발 및 기술서비스 로봇 이용 시설관리 및 사업지원 서비스 로봇 교육서비스 로봇 이용 보건 및 사회복지 서비스 로봇 이용 예술 · 스포츠 및 여가 관련 서비스 로봇수리 및 기타 로봇 이용 개인서비스

출처: 산업통상자원부(2024). p.6.

수분류 등이 있다.

로봇 산업 특수분류는 제4차 산업혁명을 선도하는 신성장 · 융복합 산업인 로봇 산업의 특수성을 반영하여 만든 분류체계로 로봇 산업 실태조사는 이 분류체계를 적용하여 통계를 만든다. 이는 협동 로봇, 소셜 로봇, 무인비행(드론)형 로봇, 인공지능 활용 로봇 등 새로운 개념에 따르는 로봇 유형들이 개발 · 보급되고 있어 이러한 변화와 미래 변화 추세를 반영한 분류체계의 필요성에 의해 제정되었다.

로봇 산업 특수분류는 국제로봇연맹(IFR)의 분류체계를 기초로 국내 로봇 산업의 특수성을 반영하여 7개 대

분류(제조업 6개, 서비스업 1개)로 구성했다(통계분류 포털). 제조업 중심으로 구성된 국제로봇연맹 분류체계에 「지능형 로봇 개발 및 보급 촉진법」과 산업통상자원부의 로봇 산업 발전 방안을 반영하여 로봇 관련 서비스업을 포함한 분류체계를 구성했다.

로봇 산업 주요 통계

7개로 구성된 로봇 산업 특수분류 중에서 제조업용 로봇, 전문 서비스용 로봇, 개인 서비스용 로봇, 로봇 부품 및 소프트웨어 개발·공급을 로봇 산업 4대 분야로 부른다. 4대 분야 기준으로 로봇 산업은 사업체 수, 매출, 인력 등 주요 지표 모두 최근 3년간 증가하는 것으로 나타났다.

로봇 산업과 관련된 사업체 수는 2022년 2509개에서 2023년 2524개로 0.6% 증가했다. 매출액도 2022년 5조 8933억 원에서 2023년 5조 9805억 원으로 1.5% 증가했다. 수출은 2022년 1조 2248억 원에서 2023년 1조 2484억 원으로 1.9% 증가했으며, 종사자 수도 2023년 33839명으로 1.0% 증가했다. 여기서 매출액은 한 해 동안 자체 및 수탁 생산한 제품의 판매 또는 서비스 제공을 통한 사업의 수익을 의미하며, 생산액은 한 해 동안 자체 및

표 6-2. 로봇 산업 4대 분야 주요 지표

구분	2021	2022	2023	2023년 증가율(%)
사업체(개)	2,500	2,509	2,524	0.6
매출(억 원)	56,083	58,933	59,805	1,5
생산(억 원)	51,609	55,265	56,912	3.0
수출(억 원)	11,546	12,248	12,484	1.9
수입(억 원)	5,833	6,380	6,562	2.9
종사자(명)	31,387	33,490	33,839	1.0

출처: 과학기술정보통신부(2024). 2023년 인공지능 산업 실태조사. pp.38-40.

수탁 생산한 제품 출하액에서 제품의 당해년 말 재고액을 더하고 전년도 말 기준 재고액을 뺀 금액을 의미한다.

로봇 산업 4대 분야에 로봇 시스템, 로봇 임베디드 제품, 로봇 관련 서비스를 포함한 7대 분야별 부요 지표를 살펴보면 사업체 수의 경우 로봇 부품·소프트웨어 부문이 1417개로 가장 많았고, 그다음은 로봇서비스 부문이 1167개로 뒤를 이었다. 종사자 수는 사업체 수가 가장 많은 로봇 부품·소프트웨어 부문이 14917명으로 1위를 차지했고, 제조업용 로봇 부문이 10988명으로 뒤를 이었다. 사업체 수가 2위인 로봇 서비스 부문의 종사자 수

표 6-3. 로봇 산업 7대 분야 주요 지표(단위, 개, 억 원, 명)

구분	사업체 수	매출	수출	종사자
제조업용 로봇	567	29,903	9,248	10,988
전문서비스용 로봇	374	6,143	713	5,485
개인서비스용 로봇	166	4,313	643	2,449
로봇부품·소프트웨어	1,417	19,446	1,880	14,917
로봇시스템	654	16,695	2,192	7,409
로봇임베디드	176	3,857	76	2,296
로봇서비스	1,167	22,210	302	8,215

출처: 과학기술정보통신부(2024). 2023년 인공지능 산업 실태조사. pp.119- 146.

는 8215명으로 세 번째로 많았다.

매출은 제조업용 로봇 부문이 2조 9903억 원으로 가장 많았으며, 로봇 서비스 부문이 2조 2210억 원, 로봇 부품·소프트웨어 부문이 1조 9446억 원으로 나타났다. 수출은 매출과 동일하게 제조업용 로봇 부문이 9248억 원으로 가장 많았고, 그다음은 로봇 시스템 부문이 2192억 원으로 뒤를 이었다.

로봇 산업에서 연구개발은 매우 중요한 요소인데, 로봇 사업체의 15.5%가 로봇 산업 연구개발 실적을 보유하고 있다. 연구개발 실적이 있는 로봇 사업체의 연구개발 실적 총액은 4518억 원으로, 이 중 자체 연구개발 실적이 2449억 원으로 가장 컸으며, 정부 지원 연구개발(2047억 원), 외부 지출 연구개발(23억 원)의 순으로 나타났다.

참고문헌

산업통상자원부(2024). 2023년 기준 로봇 산업 실태조사. https://www.kiria.org/portal/policysut/portalPlcyReports.do

통계청 통계분류포털 로봇 산업 특수분류. https://kssc.kostat.go.kr:8443/ksscNew_web/kssc/main/main.do?gubun=1#

07
데이터 산업 현황조사

데이터는 인공지능의 성능 향상에 필수적인 요소로, 데이터 산업은 인공지능 산업과 떼려야 뗄 수 없는 관계를 맺고 있다. 데이터 산업은 데이터의 생산, 수집, 처리, 분석, 유통, 활용 등을 통해 가치를 창출하는 상품 및 서비스를 생산, 제공하는 산업으로, 매년 매출, 인력이 증가하는 특징을 보인다.

AI와 윤동주?

데이터 산업과 인공지능

데이터 산업이란 '데이터의 생산, 수집, 처리, 분석, 유통, 활용 등을 통해 가치를 창출하는 상품과 서비스를 생산, 제공하는 산업'을 말한다(과학기술정보통신부, 2024). 2021년 제정된 「데이터 산업진흥 및 이용촉진에 관한 기본법」에서는 데이터 산업을 '경제적 부가가치를 창출하기 위하여 데이터의 생산, 유통, 거래, 활용 등 일련의 과정과 관련된 행위와 이와 관련되는 서비스를 제공하는 산업'으로 정의하고 있다.

데이터와 인공지능은 동전의 양면처럼 떼려야 뗄 수 없는 관계다. 인공지능의 성능을 좌우하는 자원으로는 컴퓨팅 성능, 에너지, 데이터가 있다. 대규모 언어 모델(LLM, Large Language Model)의 예를 들면, 컴퓨팅 성능을 좌우하는 그래픽 처리 장치(GPU, graphic processing unit)의 확보가 필수적이며, 고용량의 컴퓨터를 운영하기 위해서는 많은 에너지가 필요하다. 데이터는 인공지능의 지능을 향상시키기 위한 중요한 학습 자원인데, 최근 챗GPT의 등장으로 더 주목받고 있다. 이를 "데이터중심 AI(data centric AI)"로 표현하는 것은 인공지능의 성능 향상에서 데이터가 다른 어떤 요소보다 중요하다는 것을 뜻한다. 생성형 AI 분야에서는 "친칠라 스케

일링 법칙(Chinchilla Scaling Law)"이라는 개념이 있다. 인공지능 모델의 훈련에서 작은 데이터로 큰 모델을 훈련하는 것보다 큰 데이터로 작은 모델을 훈련하는 것이 더 효율적이라는 의미다. 오픈AI의 GPT3는 3천억 개의 토큰(token, 언어 모델에서 분석을 위한 최소 단위로 단어와 유사한 개념)을 사용했는데, GPT4에서는 12조 개의 토큰을 사용하여 인공지능의 성능을 획기적으로 개선시킨 것이 그 사례다. 이러한 상황에서 인공지능 개발업체들은 데이터 확보에 그 어느 때보다 더 큰 노력을 기울이고 있다. 2019년 정부가 발표한 '인공지능 국가전략'에서 첫 번째 추진과제로 데이터 개방, 유통 활성화, 데이터 활용 지원이 선정된 것도 인공지능 산업에서 차지하는 데이터의 중요성을 알려주는 것이다.

조사 배경과 조사 대상

과학기술정보통신부는 인공지능 산업에서 중요한 역할을 담당하는 데이터 산업의 환경 변화를 파악하여 체계적인 데이터 산업 육성 지원 정책 수립에 필요한 기초 통계 생산을 위해 한국데이터 산업진흥원과 함께 매년 데이터 산업 현황조사를 시행하고 있다. 이 조사는 「데이터 산업진흥 및 이용촉진에 관한 기본법」에 근거하여

2015년부터 매년 조사를 실시하고 있다.

데이터 산업 현황조사는 2016년 통계청의 국가승인 통계(승인번호 제127004호)로 등록되었다. 작성 주기는 1년이며, 조사 기준 시점은 2023년 기준 데이터 산업 현황조사의 경우 2023년 12월 31일이다. 조사 기간은 매년 10월에서 12월이며, 전화, 웹, 이메일, 팩스, 방문 면접조사를 병행하고 있다.

데이터 산업 현황조사는 데이터 산업과 일반 산업으로 구분하여 조사한다. 데이터 산업에 속하지 않은 일반 기업체도 데이터를 수집하고 분석하는 업무가 증가하는 최근의 경향을 반영하여 그 실태를 조사하기 위해서다. 유럽연합이 데이터 기업(Data Company)을 디지털 제품, 서비스 및 기술의 형태로 데이터의 생산, 전달 및 사용에 직접 관여하는 조직으로 정의하고, 데이터 공급 기업과 데이터 사용 기업을 모두 포함하는 것도 같은 맥락이다(과학기술정보통신부, 2024).

데이터 산업의 조사 대상은 데이터의 생산, 수집, 처리, 분석, 유통, 활용 등을 통해 가치를 창출하는 상품과 서비스를 생산 · 제공하는 1인 이상 사업체다. 일반 산업의 경우 공공, 금융, 제조, 유통, 서비스, 의료, 통신 · 미디어, 교육, 물류, 유틸리티, 농축산 · 광업, 건설, 숙박 ·

음식점업 등 13개 분야에 속하는 종사자수 100인 이상 사업체를 조사 대상으로 한다.

조사 항목

데이터 산업의 설문 항목은 데이터 분야 매출 현황과 데이터 직무 인력 현황, IT 투자 및 해외 진출 현황, 데이터 보유 · 유통 현황으로 구성되어 있다. 매출현황의 경우, 분야별 데이터 사업 매출액과 함께 매출 유형별 데이터 사업 매출 비중도 조사한다. 인력 현황은 전체 종사자 수와 데이터 직무별, 성별, 기술등급별 인력과 함께 데이터 직무별 필요 인력, 데이터 인력 채용 시 우대 기술, 우대 자격증도 조사한다. 데이터 사업 수행 시 애로 사항과 데이터 사업 추진과 활성화에 필요한 정책 지원 사항에 대한 의견도 조사한다.

일반 산업을 대상으로 하는 설문 항목은 빅데이터 도입 현황, 데이터 직무 인력 현황으로 구성되어 있다. 빅데이터 도입 현황은 빅데이터 구축 및 활용 유형, 빅데이터 도입 분야로 구성되어 있고, 빅데이터 미도입 기업의 경우, 빅데이터 관심 수준과 미도입 이유, 도입 예상 시기에 관해 조사한다. 데이터 직무 인력 현황 설문은 데이터 직무별 현재 인력, 데이터 직무별 필요 인력, 데이터 직무 채용 인력 수로 구성되어 있다.

데이터 산업 분류체계

데이터 산업의 비즈니스 유형은 데이터와 관련된 제품을 판매하거나 기술을 제공하는 '데이터 처리 및 관리 솔루션 개발 · 공급업', 데이터베이스를 구축하고 가공하거나 데이터 관련 컨설팅을 제공하는 '데이터 구축 및 컨설팅 서비스업', 원천 데이터 형태나 분석 및 활용이 가능한 형태로 판매하거나 수요 맞춤형 데이터를 분석한 주제 분야별 정보 서비스를 제공하는 '데이터 판매 및 제공 서비스업'으로 구분할 수 있다. 데이터 기반 솔루션 구축과 서비스를 위해 필요한 서버, 스토리지, 네트워크 등을 바탕으로 데이터 인프라 서비스를 제공하는 데이터 인프라 서비스업도 관련 분야라 할 수 있다.

한국표준산업분류에서 데이터 산업은 정보통신업(J)의 출판업(58), 컴퓨터 프로그래밍, 시스템 통합 및 관리업(62), 정보서비스업(63)에 해당한다.

데이터 산업 주요 통계

2022년 데이터 산업 시장 규모는 25조 9,663억 원으로

표 7-1. 데이터 산업 분류체계와 한국표준산업분류

대분류	중분류	한국표준산업분류
1. 데이터 처리 및 관리 솔루션 개발.공급업	11. 데이터 수집 · 연계 솔루션 개발 · 공급업 12. 데이터베이스 관리 시스템 솔루션 개발 · 공급업 13. 데이터 분석 솔루션 개발 · 공급업 14. 데이터 관리 솔루션 개발 · 공급업 15. 데이터 보안 솔루션 개발 · 공급업 16. 빅데이터 통합 플랫폼 솔루션 개발 · 공급업	J58221 시스템 소프트웨어 개발 및 공급업 J58222 응용 소프트웨어 개발 및 공급업
2. 데이터 구축 및 컨설팅 서비스업	21. 데이터 구축 · 가공 서비스업 22. 데이터 관련 컨설팅 서비스업 자료 처리업	J62021컴퓨터 시스템 통합 자문 및 구축 서비스업 J62090 기타 정보기술 및 컴퓨터운영 관련 서비스업 J63111 자료 처리업
3. 데이터 판매 및 제공 서비스업	31. 데이터 판매 및 중개 서비스업 32. 정보제공서비스업	J63120 포털 및 기타 인터넷 정보 매개 서비스업 J63910 뉴스 제공업 J63991데이터베이스 및 온라인정보제공업 J63999 그 외 기타 정보서비스업

출처: 과학기술정보통신부(2024). 2023 데이터 산업현황조사. p.12.

전년 대비 13.4% 성장했으며, 2023년에는 27조 1513억 원에 달할 것으로 조사되었다. 2021년부터 2023년(예상

표 7-2. 데이터 산업 시장 규모(단위: 억 원)

구분	2021	2022	2023(E)	CAGR '21~'23(E)
데이터 처리 및 관리 솔루션 개발 · 공급업	29,843	41,318	44,894	22.7%
데이터구축 및 컨설팅 서비스업	85,274	90,305	93,268	4.6%
데이터 판매 및 제공 서비스업	113,869	128,041	133,352	8.2%
전체	228,986	259,663	271,513	8.9%

출처: 과학기술정보통신부(2024). 2023 데이터 산업현황조사. p.49.

치)까지 3개년 연평균 증감률(CAGR)은 8.9%로, 성장 추세가 이어질 것으로 예상된다.

데이터 산업 부문별로는 2022년 기준 데이터 판매 및 제공 서비스업이 12조 8041억 원으로 가장 많았고, 데이터 구축 및 컨설팅 서비스업이 9조 305억 원, 데이터 처리 및 관리 솔루션 개발 · 공급업이 4조 1318억 원이었다.

데이터 산업에 종사하고 있는 인력은 2023년 기준 440925명으로 전년에 비해 8.5% 증가한 것으로 나타났다. 이 중에서 데이터 직무에 해당되는 인력은 140435명으로, 전년 대비 4.6% 증가한 것으로 나타났다. 데이터

표 7-3. 데이터 산업 인력 규모(단위: 명)

구분	2021	2022	2023	CAGR '21~'23
데이터 직무	122,431	134,301	140,435	7.1%
데이터 직무 외	272,278	272,147	300,489	5.1%
전체	394,709	406,457	440,925	5.7%

출처: 과학기술정보통신부(2024). 2023 데이터 산업현황조사. p.70.

직무는 데이터 관련 업무를 수행하는 데이터 아키텍트, 데이터 개발자, 데이터 엔지니어, 데이터 분석가, 데이터베이스 관리자, 데이터 과학자, 데이터 컨설턴트, 데이터 기획자를 말한다. 2021년부터 2023년까지 데이터 직무 인력의 3개년 연평균 증감률(CAGR)은 10.5%로 나타났고, 데이터 직무 외 인력을 포함한 전체 인력의 3개년 연평균 증감률은 5.7%로 나타났다.

2023년 기준 일반 산업의 데이터 직무 인력은 66592명으로 전년 대비 4.9% 증가했으며, 데이터 산업과 일반 산업을 모두 포함한 전 산업의 데이터 인력은 207027명으로 전년 대비 4.7% 증가했다. 전 산업의 데이터 직무 인력에서 데이터 산업 인력이 차지하는 비중은 2023년 기준 67.8%로 나타났는데, 2017년 70.5%에서 매년 감소하여 일반 산업의 데이터 인력 수요가 증가하고 있음을 시사한다.

향후 5년 내(2028년까지) 데이터 산업의 데이터 직무 필요 인력은 총 20360명으로 나타났는데, 데이터 개발자 수요가 8924명(43.8%)으로 가장 많았고, 데이터 엔지니어(2755명), 데이터 과학자(1896명)가 뒤를 이었다. 일반 산업을 포함한 전 산업에서 필요한 데이터 직무 인력은 총 29967명으로, 데이터 개발자가 10442명(34.8%)으로 가장 많았고, 데이터베이스 관리자(5265명), 데이터 엔지니어(3756명), 데이터 분석가(3128명) 순으로 나타났다.

참고문헌

과학기술정보통신부(2024). 2023 데이터 산업 현황조사. https://kdata.or.kr/kr/board/info_01/boardView.do?pageIndex=2&bbsIdx=34009&searchCondition=all&searchKeyword=%EB%8D%B0%EC%9D%B4%ED%84%B0%EC%82%B0%EC%97%85

법제처 국가법령정보센터. 데이터 산업진흥 및 이용촉진에 관한 기본법. https://www.law.go.kr/lsSc.do?section=&menuId=1&subMenuId=15&tabMenuId=81&eventGubun=060101&query=%EB%8D%B0%EC%9D%B4%ED%84%B0#AJAX

08
인공지능 반도체 산업

인공지능 반도체란 '학습 · 추론 등 인공지능 서비스 구현에 필요한 대규모 연산을 높은 성능, 높은 전력 효율로 실행하는 반도체'를 말한다. 다양한 산업 분야에서 인공지능 활용이 증가하면서 인공지능 반도체 수요도 폭발적으로 증가하고 있어 인공지능 반도체 산업은 정부가 혁신성장 전략 투자 분야로 지정하여 육성할 정도로 중요한 산업으로 부상했다.

AI와 한의학?

반도체

반도체(semiconductor)란 상온에서 구리처럼 전기가 잘 통하는 전도체와 유리같이 전기를 통하지 않는 부도체(절연체)의 중간 정도 성질을 지닌 물질이다. 반도체는 1958년 텍사스인스트루먼트(TI)사가 반도체 조각 위에 트랜지스터와 저항, 다이오드 등 여러 소자를 배치하고 연결한 집적회로(IC)를 개발하면서 주목받기 시작했다. 얇고 가벼우면서 수명이 길고 대량생산이 가능한 집적회로는 제곱밀리미터당 수백만 개의 트랜지스터를 넣을 정도로 집적도가 증가하면서 가전제품은 물론 휴대폰, 컴퓨터 등 전자제품에 없어서는 안 되는 소재가 되었다.

반도체는 정보를 저장하는 메모리 반도체와 정보를 처리하는 비메모리 반도체로 구분한다. 메모리 반도체는 정보를 기록하고 기록해 둔 정보를 읽거나 수정할 수 있는 램(RAM, Random Access Memory)과 기록된 정보를 읽을 수만 있고 수정할 수는 없는 롬(ROM, Read Only Memory)으로 구분한다. 정보 저장 방식에 따라 램에는 D램과 S램 등이 있으며, 롬에는 플래시 메모리 등이 있다.

비메모리 반도체는 시스템 반도체라 부르는데, 컴퓨

터에서 기억, 해석, 연산, 제어 기능을 담당하는 중앙처리 장치(CPU, Central Processing Unit), 그래픽 처리 장치(GPU, Graphic Processing Unit), 스마트폰에서 CPU 역할을 하는 AP(Application Process), 다량의 인공지능 연산을 동시에 처리하는 신경망 처리 장치(NPU, Neural Processing Unit) 등이 있다.

반도체 산업은 반도체 설계 및 제조에 종사하는 기업들로 구성된 산업이다(위키백과). 반도체 산업은 1960년경 반도체 소자 제조가 현실화되면서 시작되었는데, 미국(Nvidia, AMD, TI, Qualcomm, Intel), 한국(삼성, SK하이닉스), 대만(TSMC), 네덜란드(ASML) 기업이 주도하고 있다.

인공지능 반도체 산업

인공지능 반도체란 '학습 · 추론 등 인공지능 서비스 구현에 필요한 대규모 연산을 높은 성능, 높은 전력 효율로 실행하는 반도체'를 말한다(산자부, 2020). 다양한 산업 분야에서 인공지능 활용이 증가하면서 인공지능 반도체 수요도 증가하고 있다. 최근 인공지능 기술이 혁신적으로 진화하면서 새로운 생태계를 구축하고 있는데, CPU와 GPU를 결합한 1세대에서 인공지능 연산을 전문적으로 처리하기 위해 설계된 NPU를 활용하는 2세대를 거쳐, 뇌의 신경세포와 시냅스를 모방해 방대한 양의 데이터를 빠르게 처리하는 3세대 반도체인 뉴로모픽(Neuromorphic) 반도체로 발전하고 있다(산자부, 2020). 뉴로모픽 반도체는 연산, 학습, 추론이 가능해서 인공지능 알고리즘 구현에 적합하다. AI 가속기(AI accelerator)도 주목받고 있다. 기존의 반도체 설계를 최적화하여 딥 러닝 알고리즘 처리 속도를 높였다.

인공지능 반도체는 특정한 작업에 적합하게 설계되었는데, NVIDIA의 텐서코어(Tensor Cores)는 딥 러닝 모델의 학습과 추론에 필수적인 행렬 연산에 강점이 있고, 구글의 TPU(Tensor Processing Unit)는 딥 러닝 프레임워크인 Tensor Flow 연산에 최적화된 반도체이며, NPU는 딥 러닝 추론 등 인공지능에 필요한 특정 연산에 강점을 가지도록 설계된 반도체로 다른 용도로 사용할 경우 성능이 떨어질 수 있다(김현지 외, 2024). 대표적인 인공지능 반도체 제품으로는 NVIDIA의 딥 러닝 학습 및 추론용 H100, Meta의 컨텐츠 추천용 MTIA, Telsa의 자율주행 자동차용 D1, 애플의 기계 학습 모델용 ANE(Apple Neural Engine), SK텔레콤의 딥 러닝 추론용 X330 등이 있다(김현지 외, 2024).

인공지능 반도체 산업 발전전략

산업통상자원부는 2020년 10월 관계 부처 합동으로 '인공지능 반도체 산업 발전전략'을 공개하며 인공지능·종합반도체 강국 실현을 위해 2030년까지 인공지능 반도체 시장 점유율 20%, 혁신기업 20개, 고급 인재 3천 명 양성을 목표로 설정했다.

정부는 그동안 '인공지능'과 '시스템반도체'를 혁신성장 전략 투자 분야로 지정, '시스템반도체 비전과 전략'(2019.4), '인공지능 국가전략'(2019.12) 등을 통해 지원 정책을 추진했는데, 인공지능 생태계에서 반도체의 중요성이 부각되면서 한국이 보유한 세계 최고의 반도체 제조 역량을 기초로 인공지능 반도체를 집중 육성하여 세계시장을 선도하기 위한 '인공지능 반도체 산업 발전전략'을 수립하게 되었다.

발전전략의 비전을 '인공지능 반도체 선도국가 도약으로 인공지능·종합반도체 강국 실현'으로 설정하였고, 추진 방향으로는 민간과 정부 등 국가적 역량을 모아 인공지능 반도체 퍼스트무버 도약을 위한 혁신기술과 인재, 레퍼런스를 확보하고, 산업 경쟁력 조기 확보를 위한 선제적·자생적 산업 생태계 구축하는 것으로 설정하였다. 이를 위해 2030년까지 글로벌 시장 점유율 20%

표 8-1. 인공지능 반도체 산업 발전전략 비전과 목표

비전	인공지능 반도체 선도국가 도약으로 인공지능 · 종합반도체 강국 실현
추진 방향	[민간]의 '혁신역량' + [정부]의 '전략적 지원'으로 국가적 역량 결집
2030년 목표	글로벌 시장 점유율 20% 인공지능 반도체 혁신기업 20개 인공지능 반도체 고급인재 3,000명
추진 전략	[전략1] 퍼스트무버형 혁신기술 · 인재 확보 세계 최고 기술력 도전 기술 · 사업화 장벽 해소 차세대 전문인재 양성
	[전략2] 혁신성장형 산업 생태계 활성화 민간 · 공공 수요 마중물 창출 연대 · 협력의 밸류체인 구축 기업 성장 인프라 강화

출처: 관계 부처 합동(2020). 인공지능 반도체 산업 발전전략. p.8.

달성, 인공지능 반도체 혁신기업 20개 육성, 인공지능 반도체 고급 인재 3000명 양성을 추진 목표로 세웠다.

세부 추진과제로는 세계 최고 기술력에 도전하기 위해 인공지능 반도체 플래그십 프로젝트와 세계 최고 메모리 가반 신개념 반도체 개발을 추진하며, 기술 · 사업화 장벽 해소를 위해 국가 인공지능 데이터 인프라를 통한 시범 사업을 도입, 확산한다. 인공지능 반도체 차세대 전문 인재 양성을 위해 인공지능 반도체 아카데미, 선도 대학 육성, 산업 맞춤형 인재 양성 사업을 추진한다.

민간 · 공공분야 초기 시장 창출을 위해 혁신기업 육성을 위한 수요 · 공급 연계 시장을 확대하고, D.N.A(데이터, 네트워크, 인공지능) 서비스 혁신과 연계한 공공분야 초기 시장을 창출한다. 연대 · 협력의 밸류체인(가치사슬) 구축을 위해 팹리스-IP 기업 간 협력, 디자인하우스-팹리스 간 협력, 첨단 파운드리 소 · 부 · 장 경쟁력 강화 사업을 추진한다. 기업 성장 인프라 강화를 위해 반도체 펀드, 뉴딜 펀드 등 대규모 성장 자금을 조성하고, 인공지능 반도체 팹리스 집중 지원 체계를 구축한다.

인공지능 반도체 이니셔티브

대통령 직속 국가과학기술자문회의는 2024년 4월 25일 첨단 바이오, 퀀텀, AI-반도체를 3대 게임 체인저 기술 전략(이니셔티브)으로 확정하고, 2030년까지 세계 3대 국가로의 도약을 목표로 설정했다.

AI-반도체 이니셔티브는 AI 시대 글로벌 주도권 확보를 위해 AI 모델, AI 반도체, 클라우드, 디바이스, SW 등이 연결된 인공지능 가치사슬의 유기적 연계와 성장을 지향하는 9대 기술혁신 과제를 제시했다. AI 모델 기술혁신 분야에서는 차세대 범용 AI(AGI)를 개발하고, 경량 · 저전력 AI 기술을 확보하며, AI safety 기술을 선점

표 8-2. AI-반도체 9대 기술혁신 과제

구분	기술혁신 과제
AI 모델	1. 차세대 범용 AI(AGI) 핵심기술 개발 2. 경량 · 저전력 AI 기술 확보 3. AI safety 기술 선점
AI 반도체	4. Processing in Memory(PIM)를 통한 메모리 혁신 5. 한국형 AI프로세서 저전력 K-AP 개발 6. 신소자 & 첨단 패키징 기술 개발
HW SW	7. AI슈퍼컴퓨팅(K-클라우드2.0) 추진 8. 온디바이스 AI 핵심기술 개발 9. 차세대 개방형 AI아키텍처 · SW 개발

출처: 국가과학기술자문회의 보도자료(2024.4.25.). pp.2-4.

한다. AI 반도체 기술혁신을 위해 PIM과 한국형 AI 프로세서, 신소자 & 첨단 패키징 기술을 개발한다. AI와 반도체가 유기적으로 융합되는 HW · SW 기술 생태계를 구축하기 위해 AI 슈퍼컴퓨팅 추진과 온디바이스 AI 핵심 기술, 차세대 개방형 AI아키텍처 · SW를 개발한다.

참고문헌

과학기술정보통신부(2023.12.19). 과기정통부, '제4차 인공지능 반도체 최고위 전략대화' 개최.

관계 부처 합동(2020.10.12). '인공지능 강국' 실현을 위한 인공지능 반도체 산업 발전전략.

국가과학기술자문회의(2024.4.25). 인공지능-반도체, 첨단 생명공학, 퀀텀 세계 3대 국가 도약.

김현지 외(2024.3). 국내외 인공지능 반도체에 대한 연구 동향. ≪스마트미디어저널≫, 37쪽.
산업통상자원부(2020.10.12). 관계 부처 합동 '인공지능 반도체 산업 발전전략' 확정.

09
인공지능 국가전략

인공지능이 인간의 육체노동은 물론
정신노동까지 대체하는 시대를 대비하기 위해
미국, 중국 등 주요국이 경쟁적으로 발표하고
있는 인공지능 국가전략의 공통점은
연구개발과 인력 양성을 기반으로 주도권을
확보하고, 산업 활력 제고와 사회문제
해결을 통해 궁극적으로 자국민의 삶의 질
향상을 목표로 하고 있다는 점이다.

AI와 화장품?

추진 배경

자동방직기의 등장으로 문을 연 산업혁명이 경제구조와 사회체제를 변화시켰듯이 인공지능의 급속한 발전은 또 한 차례 우리 사회의 모든 영역에서 패러다임 전환을 예고하고 있다. 산업혁명으로 기계가 인간의 육체노동을 대신했듯이 인공지능이 인간의 육체노동은 물론 정신노동까지 대체하는 시대가 된 것이다.

인공지능의 등장은 '문명사적 변화'로 표현될 정도로 인류의 삶 전체에 영향을 미칠 것으로 예상되는데, 주요국은 국가적 차원의 대비책 마련에 고심하고 있다. 미국은 2016년 '국가 AI R&D 전략(National AI R&D Strategic Plan)'을 수립했고, 2019년 2월 트럼프 대통령은 국가 안보와 경제 안보를 강화하고, 미국인들의 삶의 질을 향상시키기 위한 목적으로 '미국 인공지능 이니셔티브(the American AI initiative)에 서명했다. 이 행정명령은 연구개발, AI 인프라, AI 거버넌스, 인력, 국제 참여 등 5대 핵심 분야에서 미국의 주도권을 강화하는 것을 목표로 하여, 연방정부 기관들은 연구 지원금, 직업 교육, 컴퓨터과학 교육 프로그램 등을 제공, 노동자들이 관련 기술을 획득하는 것을 돕도록 강조했다.

중국도 시진핑 주석이 2017년 10월 AI 비전을 선언한 이후, 2022년 20차 당대회에서 AI, IT, 신에너지를 미래 성장 3대 엔진으로 지정했다. 영국은 2021년 9월 글로벌 AI 강국을 목표로 한 10년 계획인 '국가 AI 전략(National AI Strategy)'을 발표했고, 2022년 7월에는 '국가 인공지능 전략 실행 계획(National AI Strategy-AI Action Plan)'을 제시했다.

독일은 메르켈 총리가 2018년 11월 연방 내각회의에서 '국가 AI 전략'을 의결하여 AI 기술 선도국이 되기 위해 AI 투자를 독려하고 AI 연구 우수 센터 네트워크를 강화하는 등 AI 경쟁력 확보를 위한 전략을 제시했다. 프랑스도 2018년 11월 '국가 AI 전략'을 발표, AI를 안전하고 신뢰할 수 있는 기술로 발전시키고, 프랑스 경제성장과 사회의 지속적 발전에 공헌하는 것을 목표로 삼았다. 일본도 2019년 3월 'AI전략 2019'를 통해 산업 활력 제고와, 저성장과 고령화 등 사회문제 해결을 위해 AI 기술혁신을 가속화할 것을 밝혔다. 우리나라 역시 주요국의 4차 산업혁명 대비와 AI 주도권 확보 노력에 대응하고, 우리 경제의 활력 제고와 사회문제 해결을 목표로 2019년 12월 '인공지능 국가전략'을 발표했다.

비전과 목표

과학기술정보통신부와 함께 기재부, 교육부, 법무부, 국방부, 행안부, 문체부 등 20개 부처와 청이 합동으로 발표한 인공지능 국가전략은 "IT강국을 넘어 AI 강국으로"라는 구호를 내걸고 범정부 역량을 결집하여 AI 시대 미래 비전과 전략을 담았다.

인공지능 국가전략은 경제와 사회 전반의 혁신을 위해 3대 분야, 9대 전략, 100대 실행과제를 제시했다. 3대 분야는 세계를 선도하는 인공지능 생태계 구축, AI를 가장 잘 활용하는 나라, 사람 중심의 AI를 실현하는 나라로 선정했다. 인공지능 생태계 구축 분야의 전략으로는 인프라 확충, 기술경쟁력 확보, 규제 혁신 및 법제도 정비, 스타트업 육성을 제안했다. 활용 분야의 전략으로는 인재 양성 및 전 국민 AI 교육, 산업 전반의 AI 활용, 최고의 디지털 정부 구현을, 사람 중심의 AI 분야 전략으로는 포용적 일자리 안전망 구축, 역기능 방지 및 AI 윤리 체계 마련을 설정했다.

주요 목표로는 2030년까지 세계 10위 수준인 디지털 경쟁력을 3위로 끌어올려 지능화 경제효과를 455조원 수준으로 달성하고, 30위 수준인 OECD 삶의 질 지표를 세계 10위 수준으로 도약시키는 것으로 설정했다.

표 9-1. 인공지능 3대 분야 9대 핵심전략별 목표

분야	전략	목표
세계 선도 인공지능 생태계 구축	[AI 경쟁력 혁신] 1. 인프라 확충 2. 전략적 기술개발 3. 규제 혁신 4. AI스타트업 육성	디지털 경쟁력 세계 3위
		빅데이터 45,000종 개방 AI기술경쟁력 95% 달성 규제 여건 세계 5위 이내
AI활용 전면화	[AI 활용 전면화] 5. 인재 양성 국민교육 6. 전 산업 AI 도입 7. 디지털정부 대전환	지능화 경제효과 455조원
		AI 기본소양 전국민 함양 제조업 부가가치율 30% 달성 차세대 지능형정부 완성
사람 중심 AI 구현	[AI와 조화, 공존] 8. 포용적 일자리 안전망 구축 9. 역기능 방지, AI 윤리 마련	삶의 질 세계 10위
		삶의 만족도 순위 5위 이내 글로벌 수준 AI윤리규범 확립 사이버안전지수 세계3위 이내

출처: 관계 부처 합동(2019). 인공지능 국가전략. p.11 내용을 표로 정리.

추진과제

인공지능 9대 전략 목표를 달성하기 위해 정부는 주요 추진과제를 선정했는데, AI 인프라 확충 전략에서는 활용 가능한 데이터가 부족하고 중소기업이 구축하기 어려운 고성능 컴퓨팅 자원 부족 문제를 해결하기 위해 공공기관이 보유한 공공 데이터를 전면 개방하고, AI 학습용 데이터 구축 확대를 통해 AI 인프라를 확충하고, 기업

표 9-2. 인공지능 국가전략과 추진과제

분야	전략	추진과제
생태계 구축	AI 인프라 확충	데이터 개방 · 유통 활성화 공공 · 민간 데이터 지도 연계 강화 데이터 활용 지원 고성능 컴퓨팅 자원 확충 AI 혁신 클러스터 확산
	전략적 기술개발	AI 반도체 경쟁력 확보 차세대 AI 선점 AI 기초체력 강화 AI R&D 전면 개편
	규제 혁신, 법제도 정비	AI 분야 규제패러다임 전면 전환 AI 시대 미래지향적 법제도 정립
	AI 스타트업 육성	혁신 생태계 조성 AI 스타트업 글로벌화
활용	인재 양성 국민교육	AI 고급.전문인재 양성체계 구축 AI 융합교육 전면화 직군별 AI 기술감수성 함양 추진 AI 평생교육 체계화 SW · AI 중심 학교 커리큘럼 개편 교원 SW · AI 역량 강화 및 학교 인프라 확충
	전 산업 AI 도입	AI 융합 프로젝트(AI+X) 추진 전 산업 AI 융합 확산
	디지털정부 대전환	차세대 지능형정부 구현 공공서비스 혁신
사람 중심 AI	포용적 일자리 안전망 구축	일자리 안전망 구축 직업훈련 전면 재편
	역기능 방지, AI 윤리	정보보호 지능화 혁신 AI 역기능 방지 AI 윤리 정립

출처: 관계 부처 합동(2019). 인공지능 국가전략. pp.12-44.

이 필요로 하는 맞춤형 데이터 활용 지원을 확대하며, 대학, 기업, 연구소의 AI 개발을 지원하기 위한 컴퓨팅 파워를 확대하고, 지역별 특성을 고려한 전국 단위의 AI 거점화 전략을 수립할 것을 명시했다.

산업 전반의 AI 활용 활성화 전략에서는 글로벌 경쟁력이 저하되고 있는 제조업 등의 새로운 도약을 위해 시장 규모와 파급력이 큰 분야를 중심으로 AI 융합을 통해 가시적 성과를 창출하고, 교통, 도시, 문화 등 분야로 확산하여 산업 시스템 수준을 높이는 것으로 설정했다. AI와 데이터를 기반으로 한 스마트 공장 고도화 등 AI와 산업이 융합된 '산업 지능화'를 산업 전반에서 구현하고, 신약 개발 AI 플랫폼 구축, 개방형 스마트 시티 데이터 허브 구축, 자율주행 대중교통 기술 개발, 에너지 빅데이터 플랫폼 구축, 미세먼지 예보 정확도 제고, 5G 코어 네트워크 자동화, 스마트 팜 혁신 밸리(2022년 4곳) 및 아쿠아 팜 4.0(2022년 6곳 이상) 조성, 지능형 콘텐츠 제작 지원, 스마트 교정시설 구축, 국방 지능형 플랫폼 구축 등 산업 각 분야별로 AI 활용을 전면화할 계획을 수립했다.

국가 AI 전략 정책방향

과학기술정보통신부는 관계 부처 합동으로 2024년 9월

표 9-3. 국가 AI전략 정책방향 비전과 추진전략

비전	AI G3 국가 도약을 통해 글로벌 AI 중추국가 실현
추진 전략	[4대 AI 플래그십 프로젝트] 1, 국가 AI컴퓨팅 인프라 대폭 확충 2. 민간부문 AI투자 대폭 확대 3. 국가AX 전면化 4. AI안전 · 안보 확보
	[AI 활용 전면화] 1. 스타트업 · 인재 확충 2. 기술 · 인프라 혁신 3. 포용 · 공정기반 조성 4. 글로벌 리더십 확보
추진 체계	민 · 관 역량을 총 결집할 국가AI위원회

출처: 과기정통부(2024). 국가인공지능 전략 정책방향. p.3.

대통령 주재로 개최된 제1차 국가인공지능위원회에서 '국가 AI 전략 정책방향'을 발표했다. AI가 기술을 넘어, 국가 경제와 안보를 좌우하는 대전환기임을 감안하여 국가 생존의 차원에서 "AI G3 국가 도약을 통해 글로벌 AI 중추 국가 실현"을 비전으로 내걸고, '4대 AI 플래그십 프로젝트' 추진과 AI 생태계의 핵심인 4대 분야(스타트업 · 인재 확충, 기술 · 인프라 혁신, 포용 · 공정 기반 조성, 글로벌 리더십 확보) 정책 추진 방향을 제시했다.

범국가적으로 추진할 핵심 과제인 '4대 AI 플래그십 프로젝트'는 2030년까지 '국가 AI 컴퓨팅 센터' 구축 등

을 통해 최신 GPU 규모를 15배 확충하고, 국산 AI 반도체 상용화를 지원하며, AI 분야에 4년간(2024~2027) 민간 주도로 총 65조 원 규모의 투자를 하며, 특정 분야를 넘어 산업, 공공, 지역, 국방 등 국가 전반의 AI 대전환을 추진하고, AI 안전·안보 역량을 조기에 확보하여 글로벌 AI 거버넌스를 주도하는 것을 주요 내용으로 구성하고 있다.

과학기술정보통신부는 2025년 1월 발표한 '2025년 과기정통부 업무계획'에서도 인공지능으로 디지털 대전환을 이끌고 과학기술로 미래를 선도한다는 목표를 내걸고 과학기술·디지털 기반의 성장 동력 강화, 미래를 대비한 연구개발 체계 혁신·인재 양성, 과학기술·디지털로 민생경제 활력 견인 등 3대 정책방향과 9개 핵심 정책과제를 제시했다. 첫 번째 핵심 정책과제로 인공지능 세계 3대 강국 도약을 선정하고, '인공지능 기본법' 제정(2024년 12월)을 계기로 산업 성장을 위한 기반시설 구축과 기술경쟁력 강화, 민간투자 견인을 선언했다.

이를 실현하기 위한 실천과제로 민관 합작으로 국가 인공지능 컴퓨팅센터를 구축하고, 데이터센터 구축 관련 규제를 개선하며, 1조 원 규모의 범용 인공지능 개발 사업을 기획·추진하고, 인공지능 전환 신생 기업 및 신

산업 분야 기업 성장을 위해 2025년 8,100억 원 규모의 정책기금 지원을 제시했다.

참고문헌

과학기술정보통신부(2019.12.17). 인공지능국가전략 발표.
과학기술정보통신부(2024.9.26). 국가인공지능 전략 정책방향.
과학기술정보통신부(2025.1.16). 2025년 과기정통부 업무계획 발표.
관계 부처 합동(2019.12). 인공지능 국가전략.

10
인공지능 산업진흥법

인공지능 산업의 발전을 지원할 근거와 기준을 명시한 「인공지능 발전과 신뢰 기반 조성 등에 관한 기본법」은 인공지능 기본계획 수립, 국가인공지능위원회 설치, 인공지능 기술 개발 활성화 사업 지원, 인공지능 기술 표준 제정, 전문 인력 양성, 인공지능 산업 활성화 등에 관한 내용을 담고 있다.

종교와 AI?

인공지능 산업진흥법

우리나라에서 법을 만드는 주체는 의회와 행정부다. 최근 들어 국회의원의 입법 활동이 증가하는 추세로, 인공지능 관련법이 그 대표적인 사례다. 안철수 의원 등 12인이 2024년 5월 31일 발의한 '인공지능 산업 육성 및 신뢰 확보에 관한 법률안'을 시작으로 2024년 한 해에 인공지능 산업 진흥과 관련되어 의회에 계류 중인 의원입법은 9개에 달한다. 법안 제목에 인공지능 산업 외에 '신뢰'라는 단어가 들어간 법안이 6개에 달할 정도로 산업 육성과 신뢰 조성 간의 균형을 맞추려는 의도가 보인다.

인공지능 산업을 포함하여 인공지능과 관련된 입법안은 인공지능 기술 기본법안, 인공지능 기본법안, 인공지능 책임법안 등 무려 19개에 달한다. 대부분의 법안이 인공지능 산업 육성과 신뢰 기반 조성이라는 공통점을 가지고 있는 점에 주목하여 제418회 국회 제3차 정보통신방송법안심사소위원회(2024년 11월 21일)에서 19건의 법률안을 병합 심사한 결과, 관련 법안을 통합, 조정하여 국회 상임위 중 하나인 과학기술정보방송통신위원회 위원장이 발의한 '인공지능 발전과 신뢰 기반 조성 등에 관한 기본법안(대안)'이 본회의에 부의되었다. 이 법은 소관위원회에서 대안가결되었고, 2024년 12월 17일 법사위 전

표 10-1. 인공지능 산업 진흥 관련 의원 입법안

의안명(제안자)	제안일
인공지능 산업 육성 및 발전 등에 관한 법률안 (정희용의원 등 16인)	2024.11.18
인공지능 산업 육성 및 신뢰 기반 조성 등에 관한 법률안 (최민희의원 등 11인)	2024.11.14
인공지능 산업 진흥에 관한 법률안 (정동영의원 등 14인)	2024.11.11
인공지능 산업 진흥 및 인공지능 이용 등에 관한 법률안 (이해민의원 등 16인)	2024.11.11
인공지능 산업 육성 및 신뢰 기반 조성 등에 관한 법률안 (이정헌의원 등 13인)	2024.10.29
인공지능 산업 진흥 및 신뢰 확보 등에 관한 특별법안 (김우영의원 등 19인)	2024.9.24
인공지능 산업 육성 및 신뢰 확보에 관한 법률안 (김성원의원 등 11인)	2024.6.19
인공지능 산업 육성 및 신뢰 확보에 관한 법률안 (조인철의원 등 19인)	2024.6.19
인공지능 산업 육성 및 신뢰 확보에 관한 법률안 (안철수의원 등 12인)	2024.5.31

출처: 국회 의안정보시스템 검색 내용을 표로 정리.

체회의의 수정가결을 거쳐 12월 26일 본회의를 통과했다.

인공지능기본법 입법 배경

「인공지능 발전과 신뢰 기반 조성 등에 관한 기본법」(이하 인공지능기본법)은 인공지능의 건전한 발전을 지원하고 인공지능 사회의 신뢰 기반 조성에 관한 기본 사항을 규정할 목적으로 제안된 법이다.

이 법은 최근 인공지능의 성능이 비약적으로 발전하면서 인공지능이 산업뿐 아니라 사회를 바꾸는 기반 기술로 작동함에 따라 우리 사회 각 분야에서 인공지능의 활용이 급속히 확대되고 있는 상황에서 제기된 법이다. 특히 생성형 인공지능의 등장으로 인공지능이 제공할 긍정적인 혜택과 함께 위험성에 대한 우려가 커지고 있는 현실을 반영하여 제정하게 되었다(국회 과학기술정보방송통신위원장, 2024).

법안은 인공지능 기본계획 수립, 대통령 소속의 국가인공지능위원회 설치, 인공지능정책센터 지정, 인공지능 안전을 확보하기 위한 인공지능안전연구소 운영, 인공지능 기술 개발과 안전한 이용을 위한 국내외 동향 및 제도 조사 및 연구개발 사업 지원, 인공지능 기술 표준 제정, 전문 인력 양성, 인공지능 윤리 원칙 제정, 인공지능 안전성과 신뢰성 확보를 위한 자율적 검증·인증 활동 지원 등에 관한 내용을 담았다.

인공지능 산업 진흥 관련 조항

인공지능 기본법 제정 목적 중의 하나인 인공지능 산업 진흥을 위해 법안 제6조에 과학기술정보통신부장관이 매 3년마다 인공지능 기술 및 인공지능 산업의 진흥과 국가경쟁력 강화를 위하여 인공지능 기본계획을 수립, 시행하도록 명문화했다. 인공지능 기본계획에는 인공지능 정책의 기본 방향, 전문 인력 양성, 신뢰 기반 조성 등에 관한 사항을 포함하도록 규정했다.

인공지능 산업의 진흥을 위한 주요 정책을 심의, 의결하기 위하여 대통령 소속의 국가인공지능위원회를 설치하도록 했다(법안 제7조). 국가인공지능위원회는 법 시행일로부터 5년간 운영하도록 했는데, 위원은 중앙행정기관의 장을 포함하여 전문가를 위촉하도록 했으며, 위원장은 대통령이 맡도록 했다.

국가인공지능위원회는 인공지능 기본계획의 수립, 인공지능 등에 관한 연구개발 전략 수립에 관한 사항, 인공지능 등에 관한 투자 전략 수립에 관한 사항, 인공지능 산업 발전과 경쟁력을 저해하는 규제의 발굴 및 개선에 관한 사항, 인공지능 데이터센터 등 인프라 확충 방안에 관한 사항, 제조업 · 서비스업 등 산업부문 및 공공 부문에서의 인공지능 활용 촉진에 관한 사항을 심의, 의결하는 기능을 담당한다(법안 제8조).

인공지능 기본법은 인공지능 기술 개발 및 산업 육성을 위해 법안을 인공지능 산업 기반 조성(제1절)과 인공지능 기술 개발 및 인공지능 산업 활성화(제2절)로 구분하여 구성했다. 인공지능 산업 기반 조성을 위해 인공지능 기술 개발 활성화를 위한 동향과 제도 조사 사업, 인공지능 기술 개발과 기술 활용 사업, 인공지능 기술 실용화 사업, 인공지능 기술 구현을 위한 정보 유통과 산학협력 사업을 지원할 수 있도록 했다(제13조). 또한 인공지능 기술 관련 표준의 제정과 보급, 국내외 조사, 국제표준기구와 협력 체계 강화 등 인공지능 기술 표준화를 위한 사업 추진을 규정했다(제14조). 인공지능 개발에는 학습데이터가 필수적이다. 이를 위해 인공지능 학습용 데이터의 생산과 수집, 관리, 유통, 활용을 촉진하기 위한 시책의 수립과 추진도 명시했다(제15조).

인공지능 기술 개발 및 인공지능 산업 활성화를 위해 국가 및 지방자치단체가 기업 및 공공기관의 인공지능 기술 도입 촉진 및 활용 확산을 위한 인공지능 기술과 제품, 서비스 개발 지원, 컨설팅 지원, 교육 지원, 자금 지원 등을 할 수 있도록 규정했다(제16조). 특히 인공지능 기술 및 인공지능 산업과 관련한 각종 지원 시책을 시행

할 때 중소기업 등을 우선 고려하도록 했으며(제17조) 인공지능 산업 분야의 창업을 활성화하기 위해 창업자 발굴과 육성, 교육 훈련, 우수 인공지능 기술 사업화 지원, 금융 지원 등이 가능하도록 규정했다(제18조).

인공지능 산업 발전을 위해서는 관련 생태계 조성이 중요한데, 국가 및 지방자치단체가 인공지능 산업의 진흥과 인공지능 개발 경쟁력 강화를 위해 인공지능 기술의 연구개발을 수행하는 기업·기관의 집적화를 위한 인공지능 집적 단지를 지정할 수 있도록 규정했다(제23조). 또 인공지능 산업과 다른 산업 간 융합 촉진을 위한 시책 수립과(제19조), 인공지능 데이터센터 구축과 운영 관련 시책 추진(제25조), 한국인공지능진흥협회 설립(제26조)도 명문화했다.

인공지능 신뢰 기반 조성

인공지능 기본법은 제1조(목적)에서 인공지능의 건전한 발전과 신뢰 기반 조성에 필요한 사항을 규정함으로써 국민의 권익과 존엄성을 보호하고 국민의 삶의 질 향상에 이바지함을 입법 취지로 설명하고 있다. 2024년 노벨 물리학상을 수상한 인공지능 분야 석학인 제프리 힌턴 캐나다 토론토대 교수도 인공지능이 핵무기의 원료가

되는 '핵분열 물질'처럼 위험할 수 있다고 경고했다. 힌턴 교수는 인공지능과 관련한 윤리적 법규 도입을 주장하면서 정부가 기업에게 인공지능의 안전에 대한 연구에 치중할 것을 강력하게 요구해야 한다고 강조했다(경향신문, 2024).

인공지능 기본법은 인공지능 기본계획 수립 시 인공지능 산업 발전뿐 아니라 인공지능 윤리의 확산 등 건전한 인공지능 사회 구현을 위한 법제도 및 문화에 관한 사항, 인공지능의 공정성, 투명성, 책임성, 안전성 확보 등 신뢰 기반 조성에 관한 사항, 인공지능 기술의 발전 방향 및 그에 따른 교육, 노동, 경제, 문화 등 사회 각 영역의 변화와 대응에 관한 사항 등도 포함하도록 규정하고 있다.

국가인공지능위원회의 주요 기능으로는 고영향 인공지능 규율에 관한 사항과, 고영향 인공지능과 관련된 사회적 변화 양상과 정책적 대응에 관한 사항을 심의, 의결하도록 명문화했다. 여기서 "고영향 인공지능"이란 사람의 생명, 신체의 안전 및 기본권에 중대한 영향을 미치거나 위험을 초래할 우려가 있는 인공지능 시스템으로 에너지, 먹는 물, 의료 기기, 원자력 시설, 범죄 수사를 위한 생체인식정보, 채용, 대출 심사, 교통 체계, 교육 평가 등 생명 안전과 관련된 영역에서 활용되는 것을 말한다. 또한 인공지능 안전을 확보하기 위해 인공지능안전연구소 운영 관련 조항도 포함했다(제12조).

인공지능 기본법은 인공지능의 윤리 및 신뢰성 확보를 별도의 장(제4장)으로 구분하고, 인공지능 개발 과정에서 사람의 생명과 신체, 정신적 건강 등에 해가 되지 않도록 하는 안전성과 신뢰성에 관한 사항과, 인공지능 기술이 적용된 제품과 서비스를 모든 사람이 자유롭고 편리하게 이용할 수 있는 접근성 확보에 관한 인공지능 윤리 원칙 제정을 명문화하고, 인공지능 윤리 원칙의 실천 방안 수립과 홍보, 교육도 명시했다(제27조).

안전한 인공지능 시스템을 위해 인공지능 사업자의 의무도 규정했는데, 제품 또는 서비스가 인공지능에 기반하여 운용될 경우, 투명성 확보를 위해 이를 이용자에게 사전에 고지해야 한다(제31조). 인공지능 사업자는 학습에 사용된 누적 연산량이 대통령령으로 정하는 기준 이상인 인공지능 시스템의 안전성을 확보하기 위해 위험 식별, 평가, 완화 등의 사항을 이행해야 하며(제32조), 고영향 인공지능 또는 이를 이용한 제품과 서비스를 제공하는 경우, 안전성과 신뢰성을 확보하기 위한 조치를 이행해야 한다(제34조). 인공지능 사업자가 고영향 인공지능을 이용한 제품 또는 서비스를 제공하는 경우, 사전에 사람의 기본권에 미치는 영향을 평가하기 위해 노력해야 함을 명시했고(제35조), 이러한 조항에 위반되는 사항을 발견하거나 혐의가 있음을 알게 된 경우, 인공지능 사업자의 자료 제출과 필요한 조사를 가능하게 했고, 위반 행위의 중지나 시정을 위하여 필요한 조치를 할 수 있는 규정도 포함하여 실효성을 강화했다(제40조).

참고문헌

과학기술정보통신부(2024. 12. 26). 인공지능 시대의 새로운 서막, AI기본법 국회 본회의 통과.

국회 과학기술정보방송통신위원장(2024). 인공지능 발전과 신뢰 기반 조성 등에 관한 기본법안(대안).

국회 의안정보시스템 홈페이지. https://likms.assembly.go.kr/bill/main.do

김상범(2024.10.30). 노벨물리학상 받은 제프리 힌턴 "AI 가중치, 핵분열 물질과도 같아" 경고. ≪경향신문≫.

정용찬

정보통신정책연구원(KISDI) ICT통계정보연구실 선임연구위원, OECD 인공지능지수 전문가그룹 위원이며(Expert Group on OECD AI Index), 고려대 정책대학원 데이터통계학과 겸임교수다. 현재 국무총리직속 사회보장위원회 행정데이터전문위원회 위원이며 방송통신위원회 미디어다양성위원회 위원, 한국언론학회 미디어데이터사이언스연구회 회장이다. KISDI ICT데이터사이언스연구본부장, AI데이터융합연구실장, 미래예측분석센터장, 국가통계위원회 데이터분과위원, OECD 디지털경제정책위원회 디지털경제측정분석작업반 부의장을 역임했다. 고려대학교 통계학과와 대학원에서 통계학 학사 · 석사 · 박사 학위를 받았다. 한국국방연구원 선임연구원, DNI컨설팅 이사, 방송위원회 연구센터 연구위원으로 일했다. 문화관광부, 한국언론진흥재단, 한국방송광고진흥공사, 영화진흥위원회, 정보화진흥원, 한국인터넷진흥원, 한국콘텐츠진흥원, 출판문화산업진흥원 자문위원으로 활동했다. 저서로 『AI Index, 인공지능지수』(2025), 『마이데이터와 법』(공저, 2022), 『데이터법 이해』(2021), 『인공지능 알고리듬의 이해』(2020), 『통계법의 이해』(2019), 『생각이 크는 인문학 15. 빅데이터』(2018), 『빅데이터』(2013), 역서로 『인공지능 아는 척하기』(2021) 등이 있다. 연구보고서로 "ICT 데이터플랫폼 구축 · 운영사업"(2024), "데이터기반 미래예측 · 정책지원 모델연구 IV(2023)", "데이터 경제와 데이터 중립성"(2022),"미중 데이터 패권 경쟁과 대응전략(2021)” 등이 있다.